탈분단경계연구총서 04

안보의 논리,

평화의 논리

: 한반도와 세계

남영호 엮음

구갑우, 이혜정, 김학성,
최완규, 이찬수, 샤인 최 지음

에테르

탈분단경계연구총서 04

안보의 논리,

평화의 논리

: 한반도와 세계

남영호 엮음

구갑우, 이혜정, 김학성,
최완규, 이찬수, 샤인 최 지음

에테르

탈분단경계연구총서 04

안보의 논리, 평화의 논리
: 한반도와 세계

초판 1쇄 찍은 날   2021년 5월 24일
초판 1쇄 펴낸 날   2021년 5월 31일

지은이   구갑우, 이혜정, 김학성, 최완규, 이찬수, 샤인 최
엮은이   남영호
펴낸이   신한대학교 탈분단경계연구원

펴낸곳   에테르
주 소   서울시 종로구 새문안로5가길 28 광화문플래티넘오피스텔 502호
전 화   02-465-4352
팩 스   02-734-4352
이메일   admin@bricksmagazine.co.kr
홈페이지   bricksmagazine.co.kr/aether

* 에테르는 브릭스의 학술/인문 전문 브랜드입니다.

책값은 뒤표지에 있습니다.

ISBN   979-11-90093-17-0 94340
        979-11-90093-16-3 94340 (세트)

목차

엮은이의 말   남영호   8

제1부 안보의 논리와 상호주의

한반도 평화체제의 역사적, 이론적 쟁점   구갑우   22

위태로운 상호주의: 미국의 대북정책   이혜정   38

동서독 관계에서 상호주의의 의미와 실천 그리고 시사점   김학성   68

제2부 한반도에서 평화의 논리와 실천

6.15공동선언 20년: 역사적 함의와 공과   최완규   106

남북 교류와 협력의 평화론적 해석   이찬수   160

비동맹 미학, 그리고 한반도 평화   샤인 최   190

ITENTS

엮은이의 말

남영호(신한대학교, 대한민국)

신한대학교 교양교육대학 교수.
서울대학교 철학과를 졸업하고 케임브리지대학 사회인류학과에서 박사 학위를 받았다. 서울대, KAIST, 연세대 등에서 강의했으며 서울시립대 도시인문학연구소 HK연구교수를 거쳐 현재 신한대학교에 재직중이다. 저서로는 『변방에서 문화로: 소련의 도시화와 도시 공간의 성격』, 역서로는 『도시연구의 주요개념』(공역), 논문으로는 "한반도에서 초경계도시네트워크의 의미," "한국사회와 연애의 불완전성" 등이 있다.

안보의 논리와 평화의 논리는 서로 상충하는 것인가? 대립하는 세력들 관계의 핵심을, 안보를 도외시하지 않으면서, 평화로 이동하는 것은 어떻게 가능한가? 이 책에서 모은 여섯 편의 글은 한반도와 독일의 사례를 통해 안보와 평화의 논리가 어떻게 작동하며 그 한계는 무엇인지, 그리고 한반도에 살고 있는 우리는 평화를 어떻게 만들어갈지에 대한 고민을 담고 있다.

안보security가 국가 안보state security와 동의어처럼 사용된 것은 제2차 세계대전이 끝나고 미국과 소련이 대립하던 냉전 시기부터이다. 그 전까지 안보라는 개념은 국가 사이 적대적 대립 또는 이념적 대립 체제(이를테면 자본주의 진영과 사회주의 진영)의 군사적 위협에 대한 대처라는 차원보다는, 인구population의 안녕과 번영의 확보라는 포괄적인 의미를 가졌다. 미셸 푸코의 흥미로운 분석에 따르면 근대적인 의미에서 안보는 전염병, 보다 구체적으로는 천연두의 대처에 대한 새로운 접근에서 비롯되었다. 18세기 유럽에서 천연두를 인두법[1]으로 몰아낸다는 것은 당시의 의학 지식 체계로는 받아들여질 수 없는 접근이었으나, 인구의 지역별·연령별 분포에 따라 백신의 위험과 효과에 대한 통계적 분석으로 질병을 통제할 수 있다는 새로운 발상이 확산된 것은 근대적 통치의 의미 있는 진전이었다.[2]

그전까지 영주가 자신의 영토에 대해 주권을 어떻게 확보하는가 하는 문제가 안보였다면 이 시기부터 안보의 대상은 인구의 안녕이며, 안녕을 해치는 질병을 비롯한 각종 위험에 대해 통계와 과학을 기초로 하는 대처가 핵심이 된다. 물론 이 강의에서 푸코의 관심은 근대적 통치 기제apparatus의 발명과 효과에 있지만, 그럼에도 불구하고 한국에서 흔히 국가안보와 동의어로 여겨지는 안보secu-rity의 어원을 다시 생각해 볼 필요는 있다.

스톡홀름 학파Copenhagen School of Security Studies를 이끈 배리 부전Barry Buzan 등은 국제안보 연구의 새로운 지평을 연 『안보: 분석의 새로운 틀Security: A New Framework for Analysis』에서 안보를 군사적 위협 특히 핵의 위협으로 국한했던 협소한 시각에서 벗어날 것을 제안한다. 이들은 자본주의와 사회주의로 갈라져 대립하던 냉전 시기 안보의 개념은 군사적 차원의 위협과 대처라는 차원

---

1) 인두법은 우두법이 도입되기 이전 천연두 환자의 고름이나 딱지 등을 피부에 상처를 내고 문지르거나 코 등에 흡입해서 후천 면역을 획득하는 접종법이다.

2) Michel Foucault, *Security, territory, population: Lectures at the College de France* (New Yok: Picador, 2007), pp. 55-86.

으로 협소하게 정의되었지만, 안보란 근본적으로 지역적, 경제적, 환경적, 사회적, 정치적 차원의 문제를 포괄함을 지적하면서 (또 동시에 군사적 차원의 중요성을 인정하면서) 안보를 군사적 문제에 국한하는 시각에 반대하는 자신의 입장을 설득력 있게 피력한다. 냉전이 종식된 현 시기에는 안보를 위협하는 세력은 국가라는 단위뿐 아니라 독자적 영토도 없이 이동하는 이념적·종교적 집단일 수도 있기에 (그리고 이번 코로나19 사태처럼 세계적 대유행병일 수도 있기에) 안보는 국가안보를 넘어서는 더 넓은 개념이 되어야 한다는 것이다.[3] 부전과 한센은 그 뒤 출간한 저작에서 그간의 비판을 일부 받아들이며 안보의 개념을 다시 정립한다. 여기서 안보에 반대되거나 안보를 대체할 수 있는 개념은 평화와 위험이다.[4]

한반도에 살고 있는 우리들에게 이들의 논의는 어떤 의미를 지니는가? 제2차 세계대전 이후 유럽은 냉전Cold War이라는 개념으로 설명할 수 있는 이념적 대립의 시기를 거쳤지만, 같은 시기 한반도는 한국전쟁이라는 동족상잔의 비극, 중국은 국공대전을 거쳐 중국과 대만이라는 두 개 주권체의 성립, 베트남은 인도차이나반도를 넘어서는 국제전과 내전을 경험해야 했다. 최근 여러 학자가

---

3) Barry Buzan, Ole Wæver and Wilde De Jaap, *Security: A New Framework for Analysis* (Colorado: Lynne Reinner Publishers, 1997). 이 책은 곳곳에서 푸코를 인용하며 안보의 개념을 확장해야 함을 설명하지만, 나의 인용 맥락과는 다르다.

4) Barry Buzan and Hansen Lene, *The Evolution of International Security Studies* (Cambridge: Cambridge Univerisity Press, 2009).

지적하는 바와 같이 유럽 바깥에서는 냉전이 그저 이념상의 대결이 아니라 열전熱戰을 동반한 충돌이었다.[5] 대한민국에 거주하는 우리는 남북 사이에 화해와 평화 모드가 찾아온 짧은 시기들을 제외한다면 북한의 군사적 위협에 대한 대처를 무엇보다 중요한 국가 안보로 여겨왔다. 국가 안보는 우리 공동체 전체의 안위 문제이며 무력 사용에 관한 문제이기에 여기에 파당적 이해에 따라 정치가 개입할 여지는 없다. 이러한 맥락에서 안보는 적의 침략을 막아냄으로써 평화를 지켜내는 국가주권 행사의 문제가 된다.

바로 이 지점에서 스톡홀름 학파는 냉전시기 안보의 개념이 가진 한계를 지적한다. 안보라는 영역의 특수성을 인정하는 순간, 안보는 정치의 영역을 넘어서거나 특별한 종류의 정치가 되고 만다. 안보화securitization란 특정한 대상의 말과 행위speech act가 현존하는 위험으로 정의되어 정상적인 정치 과정의 범위를 넘는 긴급한 조치를 요구하는 과정이다.[6]

인류학자 홀브라드와 피터슨Holbraad & Peterson은 부전 등의 안보에 대한 혁신적인 확장의 논리를 비판적으로 받아들여 안보와 정치의 관계를 정리한다. 이들은 국가와 시민 사이의 관계를 '비정치적nonpolitical', '정치적political', '초정치적extrapolitical'의 세 가지

---

5) 권헌익, 『또하나의 냉전』 (서울: 민음사, 2013); 박명규, 백지운 편, 『양안에서 통일과 평화를 생각하다』 (서울: 진인진, 2016); 백원담, 강성현 편, 『열전 속 냉전, 냉전 속 열전』 (서울: 진인진, 2017); 정근식, 김민화 편, 『냉전의 섬, 금문도의 재탄생』 (서울: 진인진, 2016).

6) Buzan, etc, op.cit., p. 24.

차원으로 구별하자고 제안한다. '비정치적'이란 공론의 장에서 논의되고 결정될 필요가 없는 개인적 영역으로 시민이 국가 권력에 대해 상대적인 자율성을 누리는 차원이다. 반대로 안보화라는 '초정치적' 영역은 국가 권력이 시민으로부터 상대적인 자율성을 부여받아 일상적인 정치 절차에서 인정되지 않는 긴급한 조처를 취할 수 있는 조건을 뜻한다. 마지막으로 '정치적'이란 위의 두 영역 사이 일종의 완충 지대로 시민과 국가권력의 자율성이 충돌하면서도 균형을 이루는 차원을 가리킨다. 이렇게 세 영역으로 국가권력과 시민 사이의 관계를 구별한다면, 안보화는 국가 권력이 일상적인 정치 제도의 제약에서 벗어나 자신의 힘을 행사할 수 있는 과정으로 볼 수 있다.[7]

홀브라드와 피터슨의 위와 같은 정리는 한 국가 내에서 국가 주권state sovereignty과 주권자subject 간의 관계를 중심으로 한 것이지만, 이는 국제정치에도 적용될 수 있을 것으로 보인다. 한 국가가 안보상의 위협에 대처하는 과정에서 취하는 조치들은 통상적인 국제질서의 관례를 벗어나더라도, 양해되거나 마지못해 받아들여진다. 물론 9.11 테러 이후 미국이 아프가니스탄과 이라크를 침공한 사건이나, 코로나19의 피해를 크게 받은 미국과 영국이 백신을 자국민에게 우선적으로 접종시키는 일들은 국제 사회 일각의 비판을 받았다. 하지만 이는 국내 정치에서도 안보화하려는 국가 주권의

---

7) Peterson & Holbraad, "Introduction," eds. by Holbraad & Peterson, *Times of Security* (London: Routledge, 2013), pp. 12-13.

시도가 항상 인정받거나 성공하는 것만은 아니라는 점과 다르지 않다. 오히려 우리는 여기서 특정한 문제를 안보화securitization나 비정치화nonpolititization를 통해 정치의 영역에서 배제하는 것 또한 정치화politicization의 일종이라는 점을 확인한다. 그래서 어떤 사태가 정치에 배치할 수 없을 정도의 심각성을 띄고 있기에 안보의 영역에서 다루어야 한다는 주장이 정당성을 확보하기 위해서는 해당 단위의 구성인자들audience과의 상호작용이 필요하다. "그래서 안보화securitization의 정확한 정의와 기준은, 현존하는 위협이 실질적인 정치 효과를 가질 정도로 중요하다고 주체들 사이에 인정하기에 구성되는 것이다."[8]

이렇게 안보의 논리를 정치의 일종으로 보는 것은, 세계적 냉전 시대에 열전을 경험했으며 아직도 군사적 대치 상태에 있는 한반도에서 평화의 논리를 구성하고 실천하는 시작이 될 수 있다. 다시 말해, 현존하는 위험을 안보로 규정해 적과 아의 대결의 장인 초정치적 영역에 배치하는 것이 일종의 정치 행위라면, 안보를 상호인정과 타협의 장인 정치적 영역으로 재배치하는 것 또한 평화 프로세스를 위한 정치 행위이다. 보다 근본적으로 한반도에서 남북한 사이 적대적 대치의 본질은 정치적 대립이고 군사적 충돌은 그것의 표현이기에, 안보 딜레마 속에서 악화되는 적대적 대립을 완화할 방법은 정치 행위일 수밖에 없다. 안보의 논리(초정치의 영역)와 평화의 논리(정치의 영역)는 서로 다른 방식으로 작동하지만,

---

8) Buzan, etc, op.cit., p. 25.

특정한 문제를 둘 가운데 어디에 배치할 것인가를 결정할 때에는 행위자와 구조의 상호작용이 작동할 수 있다.[9]

인류학자 피터슨과 홀브라드는 안보에 대한 기존의 연구를 평가하면서, 안보를 "공동체의 지속적over time 재생산과 생존의 문제"로 정의하자고 제안한다. 이 정의는 국가 대 국가의 적대적 관계가 아닌 이를테면 냉전 이후 테러 집단의 위협과 같은 이동하는 집단과 국가 사이의 관계에 주목하면서 생태 위기와 경제적 곤경과 같은 전통적인 군사 위협이 아닌 위험이 중요해지는 상황까지 포괄한다는 장점을 지닌다. 다른 한편으로는 '지속적'이라는 단어의 삽입은 종종 안보가 단기적이며 군사적인 대처로 한정되어 온 한계를 극복할 수 있다는 제안이기도 하다. 하지만 이러한 정의는 무엇보다 안보의 논리와 평화의 논리를 다른 영역에 속하는 것으로 간주하는 시각에서 벗어나 좀 더 넓은 시야에서 공동체의 안녕이라는 목적에서 이 둘의 논리가 만나는 지점을 모색하도록 도와준다.

이 책에 실린 글들은 현실 정치 분석에 기반을 두며 평화를 모색해 온 노력의 산물이다. 그래서 지금까지 엮은이가 서술한 일반적인 차원의 안보와 평화에 대한 논의와는 달리, 실제 정치과정에서는 안보의 논리와 평화에 대한 다른 차원의 개념이 중층적으로

---

9) Jensen & Stepputat, "Afterword: Notes on Securitization and Temporality," eds. by Holbraad & Peterson, *Times of Security* (London: Routledge, 2013), pp. 213-221. 이들은 행위자와 구조, 또는 개인과 사회라는 사회과학의 고전적인 이분법이 안보화의 과정을 제대로 이론화하는 한계라고 지적한다.

존재함을 보여준다. 제1부에 실린 구갑우의 글은 한반도의 평화체제를 다루지만, 남한의 '평화체제' 또는 북한이 주장하는 '평화협정'이 안보딜레마에 막혀 진전하지 못한 역사적 과정과 이를 극복하기 위한 정책 제언을 담고 있다. 이 글은 한반도 비핵화와 한반도 평화체제, 한미동맹의 지속이라는 세 가지 목표는 동시에 달성될 수 없고, 이 가운데 두 가지만을 이뤄낼 수 있다고 분석한다. 한반도에서 안보의 핵심이라고 여겨졌던 한미동맹의 재조정 없이는 비핵화와 평화체제의 수립이 불가능하다는 이 분석에서 안보와 평화는 충돌한다. 구갑우는 그래서 안보에 관련된 사항과 평화체제의 협상 과정을 분리해 진행하자는 구체적인 정책 대안을 제시한다.

이혜정은 미국의 대북정책이 일관성을 지녔거나, 미국의 대북정책 관련 인사들이 하나의 목소리만 내지 않았다고 서술한다. 한편으로는, 같은 가치를 지니는 행위를 거의 동시에 교환하는 '구체적 상호주의specific reciprocy'를 기반으로 하되 이의 한계를 보완하는 '느슨한 상호주의diffuse reciprocy'를 추구하는 흐름이 미국 내에 존재했다고 지적한다. 다른 한편으로는, 미국이 절대적으로 선하다는 미국 예외주의를 기반으로 북한은 합리적 행위자가 아니기에 대화상대로 아예 인정하지 않는 북한 예외주의의 흐름도 존재했다는 것이 이혜정의 분석이다. 역사상 처음으로 북미 정상회담을 가졌던 트럼프는 부시 대통령의 미국 예외주의와 북한 예외주의를 부정하기는 했지만, 기존의 미국 대북정책의 선 비핵화 요구와 제재 유지를 버리지 않았기 때문에 그의 상호주의도 평화로 나아가기에는 한계가 있었다고 결론 내린다.

상대에 대한 불신이 강하고 공동의 규범을 마련하기 힘든 국제 정치의 현실에서는 '구체적 상호주의', 즉 행동 대 행동, 말 대 말의 엄격한 교환과, 배신에 대한 배신으로의 응답이 협력의 가장 효과적인 방법이라는 입장이 존재하지만, 김학성은 동서독 관계의 사례를 통해 이를 반박한다. 현실에서는 행위의 교환이 항상 등가적일 수 없거나 가치를 측정하기 힘든 경우도 있으며, 또 동시적으로 실행할 수 없는 행위도 자주 등장한다. 정치범 석방 거래의 형식을 빌린 인도주의적 교류와 이주, 동독에 더 이득이 되는 방식의 경제 협력과 비상업적인 교류는 특히 1972년 동서독 기본조약 체결 이후 더욱 활성화되었다.

이 책의 제2부에서 최완규는 남북 분단 이후 최초의 정상회담이 성사되고 여러 차원의 교류협력이 활성화되었으나 한반도 평화 체제를 확립하는 데까지는 나아가지 못한 김대중 정부 시기 햇볕 정책의 공과를 되짚어본다. 이 시기 남북 관계의 진전은 남한이 느슨한 상호주의를 채택했고 미국의 클린턴 정부가 이를 지원한 것이 원동력이었으며, 북한도 남북 대화에 나설 만한 상황이었던 배경이 있었다고 분석한다. 물론 김대중 정부가 궁극적으로 지향하는 바가 북한체제의 변화 유도인지, 북한체제의 생존 보장인지 모호한 점이 있었고, 상호주의의 적용에서도 남북 사이 인식의 차이로 협상이 결렬된 적이 있었지만, 김대중 정부는 군사적 충돌에도 불구하고 화해협력 정책을 견지했다. 반면 국내에서는 햇볕정책에 대한 국민적 합의를 모아내지 못해 종종 비판에 직면했으며, 미국에서 부시 행정부가 등장하며 대북정책이 바뀌자 온전한 결실을 맺는 데에는 실패했다.

　종교학자 이찬수는 평화를 공평과 조화가 충만한 상태로 정의한 요한 갈퉁Johan Galtung을 인용하면서도, 이 정의처럼 평화를 '일체의 폭력이 없는 상태'로 보는 것에 그치면 현실 적합성이 떨어진다고 지적한다. 인류는 상처와 갈등으로 항상 고통 받아 왔기에, 현실에서 평화는 폭력이 전혀 없는 상태라기보다는 폭력을 줄이는 동적 과정, 즉 감폭력減暴力 minus-violencing의 과정이라는 것이다. 평화와 폭력의 현실에 대한 이러한 성찰은, 자신의 평화와 상대의 평화가 개념, 의도, 목적, 방법의 측면에서 다를 수 있다는 전제에서 복수의 평화들peaces을 긍정하는 평화다원주의로 이어진다. 물론 이러한 주장은 갈퉁의 정의에서 또 종교의 세계에서 제시하는 절대적 차원의 평화를 포기하자는 것은 아니며 오히려 그러한 이상을 향해 현실적으로 접근하자는 제안이다.

　제목부터 단어 위에 취소선을 써 당황하게 만드는 샤인 최의 글은 전개와 서술에서도 독자들에게 편안한 이해를 허락하지 않는다. 이 글에서 미학이란 불평등한 국제질서를 넘어서는 상상력을 펼쳐나가기 위해 기존의 역사 서술이나 국제정치의 현실 논리 대신, 감각지각에 기초해 더 많은 실험을 가능하게 하는 방법이다. 많은 학자들은 설령 제3세계의 반식민주의를 지지하는 주장을 펼칠 때조차도 베스트팔렌 조약 이래 형성된 유럽 중심주의의 논리를 벗어나기 힘들기 때문에 대안적 세계를 계획하고 탐구하는 공유의 방식으로서 미학을 도입할 필요가 있다는 것이 샤인 최의 주장이다. 이러한 관점에서 역사가들에게 냉전 시대 성과 없이 끝난 움직임으로 폄훼 받는 비동맹운동은 다시 조명 받아야 하며, 북한의 "주체" 개념이 비동맹운동과 공명하면서도 결국은 실패로 귀결된 과정을 다시 들여다 볼 필요가 있다는 것이다.

지금까지의 서술은 이 책에 실린 글들을 요약하려는 목적에서 적은 것이 아니라 이 글에 대한 엮은이로서 나름대로의 이해, 즉 하나의 이해 방식을 기술했을 뿐이다. 이 책 필자들의 전공과 접근법은 상이하고 동일한 결론을 내리지도 않지만, 이들이 가진 같은 문제의식, 한반도에서 평화는 어떻게 가능한가(물론 샤인 최 '한반도 평화'라는 단어가 가지고 있는 모호함 자체를 문제시하고 있지만)를 좇는 것은 고답적인 사고를 넘어서는 데 많은 도움을 주리라 생각한다.

안보의 논리와
상호주의

CHAP

TER

01

한반도 평화체제의
역사적, 이론적 쟁점

구갑우(북한대학원대학교, 대한민국)

서울대학교 정치학 박사. 북한대학원대학교 교수.
주요 저서 및 논문으로 『비판적 평화연구와 한반도』, 『국제관계학
비판: 국제관계의 민주화와 평화』, 『아일랜드 평화 프로세스와 한
반도』(공저), The Discursive Origins of Anti-Americanism in the
Two Koreas, "북한 소설가 한설야韓雪野의 '평화'의 마음(1), 1949
년", "평창 '임시평화체제'의 형성 원인과 전개", "두 '평양시간':북한
문학에 투사된 북한 특유의 시간과 마음" 등이 있다.

제1부 안보의 논리와 상호주의

1. 평화체제란?

　평화체제는 '본질적으로 논쟁적인essentially contested' 개념이다.[1] 평화체제란 개념은 무한논쟁endless disputes을 야기할 정도로 지시 대상에 대한 합의가 없다. 평화체제의 번역어로 한국과 미국은 peace regime을, 북한과 중국, 러시아는 peace mechanism을 선호한다. mechanism이 구조와 동학에 초점을 맞춘다면, regime은 법적, 제도적 측면을 강조한다. 그러나 2005년 6자회담의 9·19 공동성명과 2018년 6월 12일 북미 싱가포르선언에서 북한은 peace regime이란 번역어에 동의한 바 있다.

　한반도에서 평화체제는, 1953년 7월 27일 미국, 중국, 북한이 한

---

1) W. Gallie, "Art as an essentially contested concept," *The Philosophical Quarterly* 6 (1956).

국전쟁을 잠시 중단하며 합의한 정전협정이 포함된 정전체제armi-stice regime를 대체하는 개념이다. 국제레짐이란 "국제 관계의 주어진 이슈 영역들에서 행위자의 기대가 수렴되는 암묵적 또는 명시적 원칙, 규범, 규칙의 집합"[2]이며, 국제레짐의 하나인 정전체제는 정전협정에 명시된 것처럼 정전이란 목적의 실행을 위해 서명 당사국의 권리와 의무, 행동 기준 그리고 정전 실행을 위한 방식을 담고 있다. 그리고 정전체제는 전쟁이 없는 상태인 소극적 평화nega-tive peace를 가능하게 하는 세력 균형의 제도적 장치인 한미동맹과 북소·북중동맹을 포함한다.

대칭적으로 정의한다면, 한반도 평화의 제도화로서 평화체제는 소극적 평화를 넘어서는 '어떤 평화'를 추구하는 규범과 규칙, 의사결정 절차의 집합이다. 한반도에서 세력 균형을 넘어서는 평화는, '안정적 평화stable peace'일 수 있다. "전쟁 확률이 매우 낮아서 전쟁이 실제 관련 당사자 누구의 계산으로도 시작되지 못하는 상황"이다.[3] 보다 급진적으로 정의하면, 안정적 평화로 가는 과정에서 정치적 억압과 경제적 착취와 문화적 폭력이 사라진 상황, 즉 적극적 평화positive peace를 만드는 과정이라고도 할 수 있다. 이 과정에서 행위자들은, "공감, 비폭력 그리고 창조성을 가지고 갈등을 다룰

---

2) S. Krasner, "Structural Causes and Regime Consequences" in S. Krasner, ed., *International Regimes* (Ithaca: Cornell University Press, 1983).

3) K. Boulding, *Stable Peace* (Austin: University of Texas Press, 1978), p. 13.

수 있는 능력"을 갖추어야 한다.[4]

경제학자 케인스J. Keynes가 1919년『평화의 경제적 결과』에서 주장했던 것처럼, 1차 세계대전 이후 만들고자 했던 평화체제는 독일에 대한 '징벌적 평화'에 기초했다.[5] 1930년대 대공황과 2차 세계대전은, 베르사이유 평화조약의 한계를 실증하는 사례다. 안정적 평화 또는 적극적 평화를 추구하는 평화체제는, 평화협정과 더불어 세력 균형과 같은 힘을 통한 평화가 아니라 평화적 방법으로 평화를 추구해야 한다. 따라서 평화체제는 peace regime보다는 평화협정과 더불어 군사적, 외교적, 경제적 협력이 가능한 구조와 동학을 만든다는 의미에서 peace system이 적절할 수 있다.[6] 한반도적 맥락에서 peace system의 구축은 한반도와 동아시아에서 탈식민, 탈패권, 탈분단의 질서를 만드는 것과 동의어다.

---

4) J. Galtung, C. Jabcobsen and K.F. Brand-Jacobsen, *Searching for Peace: The Road to Transcend* (London: Pluto Press, 2000). 안정적 평화와 적극적 평화를 충돌하는 개념으로 보며 안정적 평화에 기반한 평화체제를 안보레짐으로 보는 견해는, 이상근, 『한반도 평화체제의 의미와 실현조건』(서울: 국가안보전략연구원, 2018) 참조.

5) J.M. Keynes, *The Economic Consequences of the Peace* (London: Penguin, 1995).

6) D, Mitrany, *A Working Peace System* (New York: Quadrangle Books, 1966).

2. 한반도 평화체제의 국제법적 기원은?

1953년 7월 27일 평화정착peace settlement을 유보한 채 전쟁을 일시적으로 중단하는 정전협정인, "조선인민군 최고사령관 및 중국인민지원군 사령원을 일방으로 하고 련합국군 총사령관을 다른 일방으로 하는 조선 군사정전에 관한 협정"이 체결되었다.[7] 2차대전 이후 군사 분쟁의 종식은 정전협정과 같은 임시 형태를 거쳤고, 따라서 정전협정에는 평화정착을 위한 협상을 권고하는 조항들이 포함되고는 했다.[8]

정전협정 4조 60항은 "조선문제의 평화적 해결을 보장하기 위하여 쌍방 군사사령관은 쌍방의 관계 각국 정부에 정전협정이 조인되고 효력을 발생한 후 삼(3)개월 내에 각기 대표를 파견하여 쌍방의 한 급 높은 정치회의를 소집하고 조선으로부터의 모든 외국 군대의 철거 및 조선문제의 평화적 해결 등 문제들을 협의할 것을 이에 건의한다"고 되어 있다. 북한은 『조선 중앙 년감, 1951-1952』에 이 조항이 북중의 "주동적 제안"으로 만들어졌다고 기록하고 있다. 이 60항은 즉각적인 외국군 철수를 주장했던 북중과 정전협정

---

7) "Agreement between the Commander-in-Chief, United Nations Command, on the one hand, and the Supreme Commander of the Korean People's Army and the Commander of the Chinese People's Volunteers, on the other hand, Concerning a Military Armistice in Korea". 정전협정의 북한판 원문은, 군 언론매체인 「조선인민군」 1953년 7월 28일자에 '부록'으로 실려 있다.

8) 김학재, 『판문점 체제의 기원』 (서울: 후마니타스, 2015), 175-176쪽.

　　　　　　　　　　　제1부 안보의 논리와 상호주의

이후 외국군 철수를 논의하자는 유엔군의 안을 타협한 결과였다.[9] 남북한 모두 이 정전협정 60항을 평화체제의 국제법적 근거로 소환하고 있다.

정전협정이 조인되고 정전협정 60항에 따른 고위급 정치회담은 3개월 이내가 아닌 9개월여가 지난 1954년 4월 26일부터 6월 15일까지 스위스 제네바에서 개최되었다. 고위급 회담인 제네바정치회담에서 남한은 유엔이 감시하는 남북한 총선거를, 북한은 중립국감시단이 감시하는 총선거를 각각 통일 방안으로 제시했다. 외국군 철수와 관련하여 남한은 남북한 총선거 이전 중국군 철수를, 북한은 모든 외국군 철수를 요구했다. 결국 제네바 정치회담에서는 정전을 평화로 전환하는, 다시 말해 항구적 평화체제를 구축하는 어떠한 조치도 만들어지지 않았고, 오히려 한반도 분단을 제도화했다.

3. 한반도 평화체제의 의제화 과정은?

1958년 북한에 주둔하던 중국군이 철수하자, 북한은 1960년대에 들어서며 남북한 군대를 10만으로 줄이자는 군축 제안과 함께 평화협정을 의제화했다. 선 미군철수, 후 평화협정이라는 제안은 사실상 남북한 간의 불가침협정을 체결하자는 것이었다. 1972년 1

---

9) 홍용표, "1954년 제네바회의와 한국전쟁의 정치적 종결 모색", 『한국정치외교사논총』, 28: 1 (2006), 35-55쪽.

월에는 김일성이 일본 요미우리신문 기자와 대담하는 과정에서 선 평화협정, 후 주한미군 철수로 정리할 수 있는 정전협정을 대체하는 남북한 평화협정을 제안했다. 북한은 2019년 1월 신년사에서 "판문점선언과 9월 평양공동선언, 북남군사분야합의서는 북남사이에 무력에 의한 동족상쟁을 종식시킬 것을 확약한 사실상의 불가침선언으로서 참으로 중대한 의의를 가"진다고 평가했는데, 이렇듯 북한이 남북관계의 맥락에서 평화협정을 언급할 때는 불가침이 핵심이었다.

1974년 1월 박정희정부는 북한의 제안이 남한 군사력을 무력화하려는 시도라며 공식적으로 거부했다. 그러면서 남북 불가침협정을 역제안했다. 북한은 1974년 3월 최고인민회의에서 평화협정의 주체를 남북한에서 북한과 미국으로 변경했다. 미군 철수를 미국에 직접 제안하면서 평화협정 당사자를 바꾼 것이다.

북한의 평화협정 의제화에 비로소 남한이 비슷한 의제로 맞서게 된 건 시점은 냉전 해체가 가시화될 즈음인 1988년이었다. 노태우 대통령은 10월 유엔총회 연설에서 남북정상회담을 제안하며, 이 회담에서 "휴전협정을 항구적인 평화체제로 대체하는 구체적 방안도" 논의될 수 있다고 밝혔다. 북한이 정전협정 4조 60항에 따른 외국군 철수와 한반도 문제의 평화적 해결을 위해 사용했던 개념은 북한과 미국을 주체로 한 평화'협정'이었다. 냉전시대에 북한은 평화체제란 용어를 사용하지 않았다. 반면 남한이 한반도 문제의 평화적 해결을 위해 사용한 개념은 평화체제peace regime였다.

제1차 핵 위기 시기인 1993년 3월 북한은 핵확산금지조약

Non-Proliferation Treaty, NPT을 탈퇴했다. 1993년 4월에서 1995년 2월에 걸쳐 중립국감독위원회에서 체코와 폴란드 대표단을, 군사정전위원회에서 중국대표단을 철수시켰다. 정전협정을 무력화하면서 동시에 "정전협정을 평화협정으로 바꾸고 현 정전 기구를 대신하는 평화보장체계peace guarantee mechanism"를 수립하는 협상을 미국에 제안했다. 1994년 5월에는 정전관리기구로 '조선인민군 판문점대표부'를 설치했다. 1994년 6월에는 한반도 전쟁 위기까지 발생했다. 1995년 6월 북한은 유엔군사령부 해체를 다시금 의제화했고, 1996년 2월에는 새로운 평화보장 체계의 수립을 위한 협상을 다시금 미국에 제안했다. 평화협정 체결 이전에 정전협정을 대신할 '잠정협정'을 체결하고, 군사정전위원회를 대체하는 북미군사공동기구를 만들자는 것이 주요 내용이었다.

2002년 10월 미국 정부가 북한이 고농축우라늄을 이용하여 핵개발을 하고 있다는 의혹을 제기하면서 제2차 핵 위기가 시작되자, 2003년 1월 북한은 다시 NPT를 탈퇴했다. 미국이 이라크에 군사 조치를 취한 직후인 2003년 4월 북한은 외무성 대변인 담화를 통해 '억제력'이란 표현으로 핵무기 제조 의사를 밝혔다. 6자회담이 진행되는 과정에서, 북한은 2005년 7월 비핵화와 평화체제를 연계하며, "조선반도에서 정전체제를 평화체제로 전환하게 되면 핵문제의 발생근원으로 되고 있는 미국의 대조선 적대시 정책과 핵 위협이 없어지는 것으로 되며 그것은 자연히 비핵화 실현에로 이어지게 될 것이"라고 주장했다. 그리고 2005년 9·19 공동성명에서는 한반도 비핵화와 한반도 평화체제를 교환하는 다자합의가 이루어졌다.

본질적으로 논쟁적인 두 개념이 교환되는 과정에서,[10] 쟁점은 등가성을 맞추는 일이었다. 2005년 9월 시점과 달리 현재 북한의 핵능력은 북한식 표현에 따르면 '질량적으로' 증가했다. 6차례 핵실험을 했고, 핵 운반체로 간주되는 대륙간탄도미사일과 잠수함발사탄도미사일을 발사했다. 북한이 핵·미사일실험을 강행함에 따라 유엔안보리의 대북제재 정도도 '질량적으로' 증가했다. 만약 비핵화를 핵시설, 핵물질, 핵무기, 핵기술, 핵투발 수단의 제거로 정의한다면, 북한은 유형의tangible 자산을 폐기하는 대신 평화협정, 북미수교, 대북제재 해제와 IMF와 같은 국제경제기구 가입, 한미연합군사훈련 중단과 핵 관련 전략자산의 한반도 전개 금지 같은 사실상 무형의intangible 자산이 포함된 대가를 받을 수 있다. 결과적으로 이 교환에서는 '가치척도' 문제가 제기될 수밖에 없다. 교환과정에서 시간이 지체되기라도 한다면 협상은 '수인의 번민게임'과 같은 구조가 되어 배신이 지배적 전략이 되고 말 것이다. 따라서 이 과정을 협력 게임으로 만들어 가기 위해서는 상대방이 배신할 가능성을 차단하는 행동 규범이 필요하다.

　　북한이 단계적, 동시적 접근을 선호하고, 미국이 비핵화의 최종상태end state가 담긴 포괄적 합의 속에서 동시적, 병행적simultane-

---

10) 한반도 평화체제와 연계되어 있는 개념인 비핵화denuclearization도 한반도 특수적이다. 국제관계학에서는, 핵군축nuclear disarmament 또는 특정 지역에서 핵무기의 실험, 제조, 저장, 반입 등을 금지하는 비핵지대nuclear-free zone란 개념이 사용되어 왔다. 2019년 4월 러시아의 푸틴 대통령은 북한의 김정은 국무위원장과의 대화에서 비핵화를 군축으로 정의했다.

ous and in parallel 방법을 강조하는 이유도 서로의 배신 가능성 때문이다. 미국은 비핵화의 역진 가능성을, 북한은 평화체제의 종이화를 염두에 두고 있다. 2018년 9월 남북한 평양공동선언에서 북측은 "미국이 6.12 북미공동성명의 정신에 따라 상응조치를 취하면 영변 핵시설의 영구적 폐기와 같은 추가적인 조치를 계속 취해 나갈 용의가 있음을 표명"했다. 비핵화 과정과 최종 상태에 대한 남북한 합의는 북미협상에서 관철되지 못했다. 양자협상에서 제3자가 개입하는 방식이 가지는 한계였다. 이럴 때 비핵화의 대가인 평화체제를 공급하기 위해서는 6자회담 같은 다자협상이 보다 강한 구속력을 가질 수 있다. 핵확산금지조약 규범 가운데 하나인 핵에너지의 평화적 이용권을 북한에게 제공하는 것을 포함한 비핵화 최종상태를 설계하는 것과 평화협정이 포함된 평화체제에 대한 다자합의는 북미의 배신 전략을 차단하는 한 방법이 될 수 있다.

4. 한반도 안보 딜레마와 평화체제의 관계는?

정전체제는 한반도 '안보 딜레마security dilemma'를 생산하는 기제다. 군비 증강을 금지하고 있는 정전협정을 위반하면서까지 자신의 안보 이익을 극대화하려는 행위는 오히려 상대방의 군사적 대응을 자극해 안보 이익을 감소시키는 안보 딜레마를 일상화시켰다.[11] 한반도 안보딜레마의 특이한 점은 식민 시대 단일한 실체였

---

11) R. Jervis, "Cooperation under the Security Dilemma." *World Politics*, vol.

으나 탈식민 시대 둘로 분단되었다가 다시 통일을 지향하며 전쟁을 수단으로 삼을 수 있다는 점이다. 거기에 핵무기와도 연계되어 있다.

1957년 6월 유엔군사령부는 정전협정을 관리하는 군사정전위원회에서 "향후부터 남한으로의 군수물자 도입 금지 조항을 무시할 것이며, 제8군과 한국 육군의 증강을 추진할 것"이라고 선언했다. 정전협정 2조 13항은 한반도 문제를 평화적 해결하기 위해 군비 증강을 금지해야 한다는 문제의식을 담고 있었다. 북한은 유엔군사령부가 정전협정을 무시하자 정전을 '공고한 평화'로 전환하기 위해 정전협정 제60항에 따른 외국 군대 철수를 다시금 주장했다. 그러나 북한에서 군축담론을 전개하고 중국군 철수가 시작되는 시점에서 미국은 남한에 핵지뢰, 핵포탄, 전폭기 탑재용 핵무기 같은 전술 핵무기와 핵무기 운반체인 미사일을 배치했다. 유럽과 동아시아에서 소련의 재래식 무기가 가하는 위협을 "저비용 고효율"의 핵무기로 억지하겠다는 전략이었다. 북한은 1961년 7월 소련, 중국과 군사동맹을 맺으며 사실상 핵우산을 제공받는 방식으로 균형 맞추기balancing를 시도했고, 국제제도로서 '평화지대' 건설이란 대안을 제시했다.

탈냉전시대 한반도 안보딜레마의 본질은 북한 핵무기 대 한미동맹의 대립구도처럼 보인다. 북한의 내적 세력 균형 정책 대 한국의 외적 세력 균형 정책, 북한 핵 억제 대 한미 확장 억제 혹은 한국

30, no. 2 (1978).

자주국방이 맞서고 있는 형국이다. 이 안보 딜레마는, 중국이 패권 국가로 부상하면서 패권 경쟁과 연계되는 또 다른 특이성을 띠게 되었다.

안보딜레마에서 탈출하기 위해서는 첫째, 안보 딜레마의 가속화를 주어진 현실로 받아들이는 방법이 있다. 안보를 둘러싼 치킨게임의 최종 도착치는 전쟁이거나 서로의 억제력을 인정하는 공포의 균형일 수 있다. 둘째, 우회적이지만 남북한이 기능주의적으로 협력하는 방법이 있다. 그러나 안보 딜레마가 전쟁 위기로 전이될 때, 기능주의적 협력은 작동하지 않게 된다. 셋째, 한쪽에서 다른 한쪽을 제거하는 방법이 있다. 그러나 전쟁과 같은 군사적 방법에 의한 안보 딜레마 탈출은 공멸로 이어질 수 있다. 마지막으로 제도적 해결책을 생각해 볼 수 있다. 예를 들어 평화체제는 안보 딜레마의 생산자들이 서로 국가정책을 조정하면서 만들어진다. 국제제도로서 평화체제는 힘의 우위에 있는 국가가 '일방적 포용unilateral accommodation'의 선제적 협력 자세를 취하면서 국가 행동을 제약하는 제도를 만들고 사회통합societal integration과 새로운 서사, 정체성 형성을 형성해 가는 과정에서 정착할 수 있다.[12]

2017년 4월과 8월 한반도 안보 딜레마는 전쟁 위기로까지 비화되었다. 한미연합군사훈련에 대해 북한이 전쟁불사로 맞서면서 발생한 위기였다. 4월 말 미국의 핵추진 항공모함을 비롯한 전략 자

---

12) C. Kupchan, *How Enemies Become Friends: The Source of Stable Peace* (Princeton: Princeton University Press, 2010).

산이 한반도에 진입한 상황에서 북한이 만약 핵실험이나 대륙간탄도미사일 실험을 강행했다면 전쟁이 일어났을 수도 있었다. 2017년 6월 북한은 한미연합군사훈련 중단과 자신들의 핵미사일 실험을 중단하는 이른바 '쌍중단'을 다시 제안했다. 그러나 2017년 8월 하순 한미합동군사훈련인 을지프리덤가디언 훈련이 시작되자 일본 상공을 통과하여 미국령 괌 주변에 떨어지는 중거리탄도미사일 IRBM, 화성-12형을 발사했다. 연이어 9월 6차 핵실험이 있었고, 11월 29일 핵억제력의 구성 요소인 핵무기 운반체 화성-15형 대륙간탄도미사일 실험에 성공했다. 정부 성명을 빌리자면 '핵무력 완성'이었다.

그럼에도 한국정부가 국제규범에 따라, 2017년 12월 19일 평창올림픽 기간 동안 한미연합군사훈련 연기를 제안하면서 북한이 주장해 온 쌍중단을 사실상 수용함으로써 '평창임시평화체제'가 만들어졌다. 평창임시평화체제는 한반도 안보 딜레마 탈출을 위해서 한미동맹 수정이 불가피함을 보여준 사례라고 할 수 있다. 쌍중단을 수용하면서 비핵화와 평화체제과 동시 의제로 상정되었다. 북한은 남북한이 비핵화와 평화체제 구축에 합의한 판문점선언 일주일 전인 4월 20일 조선로동당 중앙위원회 제7기 3차 전원회의에서 사실상 개혁·개방 선언과 함께 핵미사일 실험 중단을 공식화했다.

5. 한국정부가 직면한 트릴레마trilemma?

2017년 말 평창임시평화체제가 형성되며 재개된 한반도 평화 과정은, 강대국이 아닌 행위자들이 '순발력protean power'으로 국제 구조를 변경시키는 장면을 보여주었다.[13] 한반도 안보 딜레마와 평창 임시평화체제가 보여주듯, 한반도 비핵화와 한반도 평화체제, 한미동맹의 지속은 한국정부가 동시에 달성할 수 없는 정책 목표, 불가능한 삼위일체trilemma이다. 한국정부는 이 세 정책 목표를 동시에 말할 수밖에 없지만, 셋 가운데 두 가지만을 동시에 만들어낼 수 있다. 한반도 비핵화와 한미동맹의 지속은 북한에 대한 강압 정책 또는 전쟁으로 북한을 붕괴하는 길이다. 한반도 평화체제의 구축과 한미동맹의 지속은 사실상 북한을 핵국가로 인정한다. 한반도 비핵화와 한반도 평화체제 구축은 한미동맹을 변환시키는 조합이다. 한국정부가 한반도 평화체제에 우선순위를 둔다면 동맹을 돈으로 계산하는 미국발 한미동맹을 조정해야 하며, 한미연합군사훈련을 중단하고 핵관련 전략자산의 한반도 전개를 중단해야 한다. 아울러 핵사용권을 쥐고 있는 주한미군이 철수하길 요구하는 북한발 한미동맹 변환 요구를 받아들여야 한다. 트릴레마를 해소하지 않고자 한다면, '낮은 수준'의 한반도 평화체제, 한반도 비핵화, 한미동맹 지속을 생각해 볼 수 있다.

---

13) P. Katzenstein and L. Seybert, "Protean Power and Uncertainty: Exploring the Unexpected in World Politics," *International Studies Quarterly*, vol. 62 (2018), pp. 80-93.

6. 정책 제언

(1) 비핵화 협상과 평화체제 협상을 분리한다. 비핵화 협상은 북한과 미국 사이에 진행하고 IAEA와 같은 국제기구가 검증과 해체 과정에 개입하고, 평화체제는 2005년 9·19공동선언에 명기된 것처럼 별도의 "포럼"에서 협상한다. 평화체제 협상은 북한이 핵물질 생산을 중단하는 핵동결을 선언하는 것과 동시에 시작한다.

(2) 평화체제 협상을 위한 6자회담을 재개한다. 2019년 1월 북한은 신년사에서, 정전체제를 평화체제로 전환하기 위한 다자협상을 제안한 바 있다. 중국과 러시아는 6자회담의 재개를 선호하고 있다. 미국도 중국이 책임 있는 당사국으로서 한반도 문제에 개입할 수 있는 계기를 제공해야 한다.

(3) 평화체제 협상과정에서 평화협정은 북한이 생산한 핵물질과 핵무기 반출이 완료된 시점에 체결한다. 평화협정 주체는 한국전쟁에 참여한 남북미중이고, 일본과 러시아는 평화협정을 지지하는 부기서명을 한다. 평화협정은 각국 의회의 비준이 필요한 평화조약 peace treaty 형태로 체결한다. 평화조약은 '전쟁 종식', '경계와 평화지대', '불가침과 안전보장', '한반도의 완전한 비핵화', '군비통제', '평화관리기구' '양자관계 발전' '지역 평화를 위한 협력'을 포함한다.

(4) 평화협정 체결을 전후로, 북한과 미국, 일본은 외교적, 군사적, 경제적 협력을 제도화한다. 미국이 비핵화 협상 과정에서 연락사무소 설치, 한미연합군사훈련 중단과 핵 관련 전략 자산의 한반도 전개 금지, 대북제재 완화와 해제와 같은 선제적 조치를 취하게

제1부 안보의 논리와 상호주의

되면, 평화체제 협상이 가속화될 수 있다. 2018년 10월 북중러는 북한에 대한 유엔안보리 경제제재가 조절되어야 한다고 밝혔다.

(5) 한반도 평화체제 협상을 동북아 다자안보협력 협상과 함께 진행한다. 2005년 6자회담 이후 9·19공동선언에서 "6자는 동북아시아에서 안보협력 증진을 위한 방안과 수단을 모색하기로 합의"했다. 이 길은 한국전쟁 와중인 1951년 9월, 2차 대전 당시 연합국과 일본의 평화조약과 미일안보조약으로 구성된 샌프란시스코 체제를 넘어서는 동북아질서를 모색한다는 의미가 있다.

(6) 평화체제 협상에서 미중일러는 지속가능한 한반도 평화를 위해 남북연합과 같은 제도적 장치를 지지한다. 이런 거버넌스 장치야말로 한반도 평화체제를 역진불가능하게 한다는 점을 4자가 인정한다.

위태로운 상호주의: 미국의 대북 정책[1]

이혜정(중앙대학교, 대한민국)

서울대 외교학과에서 학사학위와 석사학위를, 노스웨스턴대학 정치학과에서 박사학위를 받고, 현재 중앙대 정치국제학과 교수로 재직 중이다. 연구관심은 미국 패권과 국제관계이론, 동아시아 안보이다. 주요 저서로는『냉전 이후 미국 패권』(2017), *The Making of American Hegemony from the Great Depression to the Korean War* (2000) 등이 있다.

---

1) 이 글은 졸고, "북한 예외주의 대 현실주의: 미국의 한반도정책," 『창작과 비평』 제47권 제3호 (2019 가을), 406-424쪽을 상호주의의 이론적 시각에서 수정·재구성한 것이다.

"미소에는 미소로, 거짓에는 배반으로 대응해야 한다people should meet smiles with smiles and lies with treachery." - 모스[2]

"우리는 악과 협상하지 않는다. 우리는 악을 물리친다." - 체니[3]

"6자는 '공약 대 공약', '행동 대 행동' 원칙에 입각하여 단계적 방식으로 상기 합의의 이행을 위해 상호 조율된 조치를 취할 것을 합의하였다." - 제4차 6자회담 공동성명(2005.9.19.)

"북한의 최근 미사일 발사와 핵실험이 증명하듯, 협상 없는 압

---

2) Marcel Mauss, *The Gift* (1925, reprint, New York: Norton, 1967), p. xiv, Robert Keohane, "Recirpocity in International Relations," *International Organization* 40, no. 1 (1986), p. 6에서 재인용.

3) Leslie H. Gelb, "In the End, Every President Talks to the Bad Guys," *The Washington Post* 2008.4.27.

박은 실패의 처방전이다." - 시걸[4]

  "북한과의 외교적 관여를 통해서 우리가 시도하고 있는 것은 우리의 정책궤도를 바꿈으로써 그들의 정책궤도를 바꿀 수 있는지 확인하는 것이다." - 비건[5]

  "불행하게도 김정은은 선의를 선의로 갚은 것을 허용하지 않은 체제의 통치자이다." - 창[6]

  "현재와 다른 미래를 약속하면서 북한에게 일방적인 핵능력 포기를 요구하는 미국의 입장은 국제교섭의 현실보다는 액션영화에 더 어울리는 힘에 대한 일종의 미국적 환상이다."- 루이스[7]

---

4) Leon V. Sigal, "What Have Twenty-Five Years of Nuclear Diplomacy Achieved?" in *Pathways to a Peaceful Korean Peninsula: Denuclearization, Reconciliation and Cooperation*, ed. Kyung-ok Do, Jeong-Ho Roh, and Henri Feron (Seoul: Korea Institute for National Unification, 2016), p. 53.

5) Stephen Biegun, "Remarks on DPRK at Stanford University," 2019.1.31, https://www.state.gov/remarks-on-dprk-at-stanford-university/.

6) Gordon G. Chang, "The Hanoi Summit-We Asked Gordon Chang What Happens Next in U.S.-North Korea Relations," *The National Interest* 2019.3.12.

7) Jeffrey Lewis, "Trump Just Walked Away From The Best North Korea Deal He'll Ever Get," *NPR* 2019.3.1, https://www.npr.org/2019/03/01/698909173/opinion-trump-just-walked-away-from-the-best-north-korea-deal-hell-ever-get.

1. 상호주의와 예외주의, 그리고 현실주의

"미소는 미소로 거짓은 배반으로" 되갚는 상호주의는 사회적 유대의 기반이며 국제적 협력의 첩경이다. 1986년에 발표된 커헤인의 논문 "국제 관계에서의 상호주의"는 여전히 상호주의에 대한 "가장 철저한 개념적 탐구[8]이다. 커헤인은 상호주의를 둘로 구분했다. 하나는 합리적 선택이론의 틀에서 정의되는, 이기적 행위자들이 등가의 행위를 매우 제한적인 시간적 범위에서 교환하는 '구체적 상호주의specific reciprocity'이다. 다른 하나는 사회적 교환이론의 틀에서 모든 사회의 기반으로 강조되는, 교환의 등가성과 순차성·동시성이 매우 완화된 '느슨한 상호주의diffuse reciprocity'로, 행동의 표준과 공동의 의무가 존재하는 집단 성원들 사이에서 발생한다. 커헤인에 따르면, 특히 정보를 제공하고 거래 비용을 줄이는 국제레짐에서 구체적 상호주의가 반복되고 촉진되면 느슨한 상호주의로 발전할 수도 있지만, 공동의 의무에 대한 규범이 약하고 불신이 만연한 국제 정치 현실에서는 거의 동시적으로 등가의 행위를 교환하는 구체적 상호주의가 협력의 가장 효과적인 방법이다.[9]

미국과 북한 관계에서 상호주의는 어떻게 작동해 왔는가? 냉전

---

8) John G. Oates and Eric Grynaviski, "Reciprocity, Hierarchy, and Obligation in World Politics: From Kula to Potlatch," *Journal of International Political Theory* 14, no. 2 (2018), p. 147.

9) Keohane, "Reciprocity in International Relations," p. 4.

이 끝난 이후 미국은 북한의 핵 개발을 저지하는 데 집중해 왔고, 양국 관계는 협상과 한반도를 전쟁 위기로 몰아넣는 군사적 위협을 반복했다. 양국 관계의 역사는 압박bullying에 굴복하지 않고 협력에는 협력으로, 대결에는 대결로 맞서는 '전반적 상호주의overall reciprocity'가 작동하는 한편, 협력이나 대립이 지속되지 않고 협력에서 대립으로, 때로는 대립에서 협력으로 게임 틀 자체가 변해 왔다.

양국 관계의 역사적 분수령은 2000년 부시 정부의 탄생이었다.[10] 부시 정부는 북한의 우라늄 농축을 둘러싼 '제2의 북핵 위기'를 명분으로 경수로사업을 완전히 중단함으로써 1990년대 북미 협상의 기본 틀인 제네바합의를 파기했다. 제네바합의는 북한의 핵물질 개발 중단과 경제적, 외교적 대가를 교환하는 '구체적 상호주의' 성격을 띠었다. 여기에 도전하는 요인이 미국 민간과 정부에 만연한 북한 체제 조기 붕괴론이었다면 버팀목은 경수로 기획이었다. 장기간의 경수로 건설 프로젝트가 양국 신뢰의 증표로 작동하며 합의의 시간적 지평을 확대하면서 '구체적 상호주의'의 단점을 보완하는 역할을 했던 것이다.[11]

---

10) Jan Blinka and Zdenek Kriz, "Bullying or Reciprocity? Predominant Pattern of Behavior Between the United States and North Korea," *North Korea Review* 13, no. 1 (2017), p. 15.

11) 경수로사업의 이러한 역할은 한미의 대북 관여에 비판적인 시각에서도 인정하는 바이다. 대표적으로 김태현, "상호주의와 국제협력: 한반도 핵문제의 경우," 『국가전략』 제8권 3호, 5-30쪽. 경수로사업의 의미를 적극적으로 평가하는 최근의 대표적인 연구로는 Christopher Lawrence, "A Theory of

부시 정부의 대북 정책은 9·11 테러의 충격을 배경으로 미국을 인류의 유일한 발전 모델이자 절대적 선으로 정당화하며 대테러전 쟁을 선과 악의 대결로 규정하는 미국 예외주의의 틀에서 이루어 졌다. 부시 정부의 미국 예외주의는 북한을 '악의 축'으로 규정하 는 북한 예외주의이기도 했는데, 이는 '구체적 상호주의'의 전제인 북한의 전략적 합리성 자체를 부정하는 것이었다. '느슨한 상호주 의'의 시각에서 보자면, 부시 정부는 북한을 문명 밖으로 축출했으 며 동시에 대테러전쟁을 명분으로 냉전 시기 핵(의 공포의) 균형의 기반이었던 ABM 조약을 탈퇴하고 핵 선제공격 독트린을 주창함 으로써 기존의 핵 규범 (혹은 문명의 규범) 자체를 파괴하였다.[12]

2003년 3월 부시 정부의 이라크 침공을 계기로 북한은 핵무장 을 선포했다.[13] 부시 정부에서 대테러전쟁과 대북 강경책을 이끈 체니 부통령은 2003년 말 "우리는 악과 협상하지 않는다. 우리는 악을 물리친다"며 중국의 북핵 협상 제안을 거부했다.[14] 미국을 협 상으로 이끈 것은 북한에 핵개발을 포기하도록 강압하는 미국의

Engagement with North Korea," *Harvard Kennedy School Belfer Center Discussion Paper* 2019-02 (2019).

12) Bruce Cumings, Ervand Abrahamian, and Moshe Maoz, *Inventing the Axis of Evil: The Truth About North Korea, Iran and Syria* (New York: New Press, 2004).

13) 구갑우, "북한 핵담론의 국제정치: 북한적 핵 개발의 이유와 김정은 정권 의 핵 담론", 『동향과 전망』 99호 (2017 봄), 83-121쪽.

14) Leslie H. Gelb, "In the End, Every President Talks to the Bad Guys," *The Washington Post* 2008.4.27.

능력에 한계가 있다는 판단이었다. 신뢰가 전혀 없는 상태에서 합의는 '행동 대 행동' '공약 대 공약'의 동시적, 단계적인 원칙의 9·19 공동성명이었다. 이는 현금 거래에 가까운 극단적으로 엄격한 '구체적 상호주의'였다. 미국 예외주의와 북한 예외주의에 따라 불량국가 북한을 제재로 압박하여 체제 전환을 시도하겠다는 미국 정부와 한국 보수정부, 일본 정부로부터 도전 받는 위태로운 상호주의이기도 했다.

부시 정부의 대북 정책이 예방전쟁과 6자회담이라는 극과 극을 오갔다면, 오바마 정부는 상대적으로 안정적인 '전략적 인내' 정책을 시행하였다. 이라크전쟁으로 빚어진 혼란과 글로벌 금융위기를 극복하는 것이 최우선 과제였고, 한국에서 보수의 집권과 김정일 사망 등 북한체제의 불안정을 배경으로 남북관계가 단절되었기 때문이다.

미국 민주주의와 패권의 문법을 모두 부정하는 트럼프 정부의 등장은, 2016년에서 2017년 한국과 미국의 정권 교체기에 이루어진 북한 핵과 미사일 능력 강화와 한국의 진보 정부 등장과 맞물려 한미동맹과 북핵 해법에 급격한 변화를 가져왔다. 트럼프의 집권은 반-난민/이민의 인종주의, 배외주의, 백인 우선주의와 미국 기성 정치 질서 전반을 비판하는 권위주의적 민중주의라 할 수 있는 '트럼프 우선주의', 마지막으로 미국 우선주의를 표방하는 경제적 민족주의에 의한 것이었다. 백인 우선주의와 트럼프 우선주의는 민주주의의 모델, 미국의 소멸을 의미했다. 미국 우선주의는 파리 기후협정과 TPP 탈퇴, NAFTA와 한미 FTA 개정, 동맹 분담금 인상 요구 등으로 자유무역과 다자주의, 동맹의 틀을 파괴했다. 이에 따라 안보는 물론 경제와 가치 차원에서도 한반도를 넘어 지역적·세계적으로 미국과 협력한다는 한미 전략동맹의 가치와 경제 기반이 붕괴되고, 안보 기반도 침식되었다.[15]

대북 정책의 변화는 더욱 극적이었다. 트럼프 정부는 출범 직후 북한을 완전히 파괴할 수 있다는 '화염과 분노'의 군사적 위협을 포함하는 최대의 압박정책을 시행하더니, 2018년 들어서며 문재인정부의 중재를 받아들여 북미 정상회담을 추진하였다. 트럼프를 경멸하는 한편 불량국가 북한과 협상하는 것은 무의미하며 군사적·경제적·외교적 압박을 통해서만 북한의 비핵화를 달성할 수 있다고 믿어 온 워싱턴 조야의 대다수 한반도 전문가들과 패권 엘리트들에게는 '충격과 공포'였다.[16]

트럼프는 2018년 6월 역사적인 싱가포르 북미 정상회담에서 새로운 북미관계, 한반도 평화체제와 비핵화, 미군 유해 송환에 합의하는 톱다운 방식의 최대 관여로 급선회하였다. 기존 미국 예외주의와 북한 예외주의를 모두 부정하며 미국과 북한의 상호주의를 재건했던 것이다.

기자회견에서 트럼프가 한미연합군사훈련을 비용이 많이 드는 워게임으로 규정하고 중단을 선언하면서, 북한 핵과 ICBM 실험을

---

15) 탈냉전기 미국 패권의 역사적 변화와 트럼프 등장에 대한 좀더 자세한 설명은 졸저 『냉전 이후 미국 패권』(한울아카데미, 2017) 참고.

16) 졸고 "북미 정상회담의 '충격과 공포': 미국 패권과 북핵", 『성균차이나브리프』 제6권 제2호 (2018), 128-133쪽.

중단하는, '쌍중단'이 시작되기도 했다. 이후 북한은 싱가포르 공동 선언을 순서대로 읽어 새로운 북미관계와 한반도 평화체제 수립을 통한 비핵화를 기대하며, 2018년 9월의 평양선언에서 "미국이 6·12 북미공동성명의 정신에 따라 상응조치를 취하면 영변 핵시설의 영구적 폐기와 같은 추가적인 조치를 계속 취해나갈 용의"가 있다고 밝혔다.

2019년 2월 하노이 북미 정상회담을 앞두고 트럼프 정부의 대북특별대표 비건은 1월 말 스탠포드 대학 연설에서 '동시 병행' 협상전략을 설명하며, 비핵화 의지가 전혀 없는 북한과의 협상이 무슨 소용이냐는 질문에 북핵의 엄중한 위험성을 고려할 때 미국의 정책을 바꿔 북한의 정책을 변화시키는 것은 대단히 급박한 외교적 과제라고 답했다. 북한의 '영변 플러스알파'에 대한 보상으로 종전선언과 연락사무소 설치, 남북경협 허용이나 제재의 부분적 해제가 합의에 이르렀다는 보도가 나오기도 했다. 하지만 트럼프 개인 스캔들 관련 청문회가 열리는 와중에 개최된 하노이 정상회담은 트럼프의 빅딜 요구와 북한의 제재 해제 요구가 맞서면서 '노딜'로 끝났다. 한반도 평화체제만이 북한의 완전한 비핵화의 길이라고 믿는 적극적 관여론자들이나 단계적 협상만이 북핵의 위협을 관리할 수 있다고 평가하는 소극적 관여론자들은 하노이회담 실패를 미국의 환상이라고 비판했다.

비건은 3월 11일 카네기재단 대담에서 '동시병행' 전략의 근본적

토대는 비핵화 트랙이라고 해명했다.[17] 엄밀히 따지자면, 비건이 1월 스탠포드 대학 연설에서 밝힌 협상의 기조는 사실 전통적인 북한의 선 비핵화 요구와 싱가포르 공동성명 합의사항의 (북한이 기대하는 순차적이 아닌) '동시 병행' 전략이 혼재된 것으로서, 트럼프 정부의 상호주의 역시 여전히 위태로웠다는 사실을 밝힌 것이나 다름없었다.

> **"우리는 북한 협상상대에게, 북한이 최종적이고 완전하게 검증된 비핵화(FFVD)에 대한 공약을 이행하는 것을 전제로, 북한의 밝은 미래와 한반도 평화의 새로운 기회들을 작년 여름 싱가포르에서 양국 정상이 합의한 모든 공약들과 함께 동시에 그리고 병행적으로 추진할 준비가 되어 있다고 전달했다."[18]**

북한 김정은 위원장은 4월 12일 시정연설에서 미국이 협상 셈법을 바꾸지 않으면 북한으로서는 불가피하게 새로운 길을 고려하지 않을 수 없다고 압박했다. 6월 말 일본에서 열린 G-20 정상회담이후 한미 정상회담을 앞두고 트럼프가 SNS로 김정은을 판문점으로 초대하면서 판문점에서 남북미 3국 정상이 전격적으로 회동했다.

---

17) "Keynote with Special Representative Stephen Biegun," 2019.3.11, https://carnegie.ru/2019/03/11/keynote-with-special-representative-stephen-biegun-pub-78882.

18) Stephen Biegun, "Remarks on DPRK at Stanford University," 2019.1.31, https://www.state.gov/remarks-on-dprk-at-stanford-university/.

50여 분간의 양자 회담에서 트럼프와 김정은은 2~3주 내로 북미 실무협상을 개최하기로 합의했다. 하지만 북미 실무협상은 스웨덴에서 10월 초에나 열렸고, 북한은 미국이 자신들의 선제 조치에 상응하는 제재 해제 등 구체적인 행동을 포함하는 새로운 셈법을 가져오지 않았다고 비판하며 협상을 결렬시켰다.

'허리케인 트럼프'는 트럼프가 기존 질서를 파괴하고 교란시킨 것을 비유한 말이다. 정상회담과 '쌍중단'으로 트럼프는 전통적인 대북 압박정책의 틀을 깼지만, 선 비핵화 강요의 연장이라 할 수 있는 FFVD 요구와 제재 유지 방침을 고수하며 싱가포르 정상회담이 제시한 새로운 틀을 제한적으로만 수용하고 있었다. 워싱턴 주류의 북한과 트럼프에 대한 불신은 여전히 완고하다. 싱가포르 선언은 북한의 기존 비핵화 공약에 한참 못 미치는 지극히 추상적인 선언에 불과하며, 비핵화의 정의와 로드맵에 대한 합의에 실패한 것은 북한이 진정으로 핵을 포기할 의사가 없기 때문이고, 더구나 '리얼리티 쇼'로 일관하는 트럼프식 정상외교로는 앞으로도 비핵화의 실제적 진전을 기대하기 힘들다는 의견이다. 하지만 그들도 북핵 문제에 대한 군사적 옵션이 가진 한계와 외교적 타협의 불가피함은 인정한다. 1990년대 초 1-2개의 핵무기를 제조할 수 있는 플루토늄을 보유한 것으로 의심받던 북한은 현재 미국을 타격할 수 있는 ICBM을 개발했고 최소 20여 기의 핵무기를 보유한 것으로 추정된다.[19] 반대로 북한의 핵능력이 관여와 타협을 강요하는 형세이

---

19) "북한 핵·미사일 보유현황 주목… '핵무기 최소 10기 보유…비밀시설 핵물

다.

아래에서는 미국의 대북 정책을 강압coercion과 관여engagement로 구분하여 검토하고, 정책담론의 무게중심이 현실주의에 의해 일정하게 강압에서 관여로 이동하고 있지만 상호주의는 여전히 위태로운 현실을 확인하고자 한다.

2. 북한 예외주의: 불량국가에 대한 강압

미국의 대북 정책을 크게 강압과 관여로 나누는 것은 물론 이념형ideal type의 차원에서다. 현실에서는 강압이 우세한 경우에도 외교적 소통 채널을 완전히 차단하는 경우는 드물었고, 반대로 관여가 우세할 때에도 봉쇄와 억지, 방어 등 군사적 대비를 병행했다. 하지만 강압-관여의 스펙트럼에서 각각의 정책담론은 북한의 위협과 능력, 한미동맹의 역할, 미국의 이익과 능력에 대한 상이한 평가에 기초하여 상이한 우선순위의 정책을 제안하고 있다.

강압론은 흔히 봉쇄, 억지 같은 군사적 수단과 제재 같은 경제적 수단, 동맹을 동원하는 외교적 압박을 포함하는 포괄적 압박으로 북핵문제를 해결할 것을 제안한다.[20] 정책담론으로서 강압과 관여를 나누는 중요한 기준은 북한과 협상하는 것이 과연 유효한 정

질 생산'," *VOA* 2019.2.18. https://www.voakorea.com/a/4806803.html.

20) 대표적으로 Michael J. Green and Matthew Kroenig, "A New Strategy for Deterrence and Rollback with North Korea," *War on the Rocks* 2017.10.19.

책 수단이냐는 것이다. 강압의 시각에서 북한은 예외적으로 사악해서 그 어떤 협상도 소용없는 적성-독재-불량국가이다. 강압론은 예방전쟁론, 체제전환론, 지역동맹론으로 나눠볼 수 있다.

강압의 극단은 북한에는 핵 억지도 작동하지 않는다는 예방전쟁론이다. 현재 미국에서 예방전쟁론의 대표적 주창자는 트럼프 정부의 국가안보보좌관을 역임한 맥매스터H. R. McMaster이다. 클린턴 정부 이래 역대 미국정부들은 북핵문제의 군사적 해법을 모색해 왔다. 결론은 예방전쟁으로 북한의 핵과 미사일 전체를 제거할 수 있다는 확신이 없고, 핵무기를 동원할 수 있는 북한의 군사적 대응을 고려할 때 피해가 너무 크다는 것이었다. 오바마 정부 국가안보보좌관을 역임한 라이스S. Rice는 2017년 8월 10일자 칼럼에서 트럼프와 맥매스터가 주도하던 '화염과 분노' 위협에 반대했다. 첫 번째 이유는 예방전쟁의 피해였다. 오바마 정부가 검토해 본 바에 따르면, 예방전쟁의 피해는 휴전선에서 35마일 안에 있는 2천 6백만 한국인, 20만에 이르는 주한 미국인과 미군, 주일미군 4만의 인명 피해, 미국 본토가 공격받을 위험성, 중국이 개입할 가능성, 세계경제에 대한 파국적 효과 등이었다. 김정은의 합리성도 반대 이유였다. 김정은은 핵 무력을 정권 생존의 본질로 간주하므로 이를 포기할 가능성이 희박하다. 결국 사용을 억제하는 방향으로 가야 하는데, 김정은이 "사악하고 성급하지만 비합리적이지는 않아서By most assessment, Mr. Kim is vicious and impetuous, but not irrational" 북

한에 대해서도 전통적인 억지가 작동한다는 것이었다.[21)]

맥매스터는 8월 13일 시사토크쇼에 출연해서 이복형 김정남을 독극물로 살해할 정도로 잔인한 김정은에게는 전통적인 억지가 작동하지 않으며 북핵문제 해결에 군사적 옵션이 없는 것은 아니라고 주장했다.[22)] 소련의 핵은 합법이지만 북한은 불법이고, 소련은 미국과 대등한 군사적 경쟁자로서 전략적 안정을 추구해 왔지만 북한은 미국의 군사력에 취약하며 불안정을 초래하고 있다는 점을 들어 전략 폭격 같은 군사훈련과 시위가 필요하다는 주장도 있었다.[23)] 북한에 일방적 핵 포기를 강요하는 '리비아 모델'의 강력한 주창자 볼턴J. Bolton도 트럼프 정부의 국가안보보좌관이 되기 직전 예방전쟁의 국제법적 정당성을 주장한 바 있다.[24)]

체제전환론은 냉전시대 반공산주의 이념투쟁의 연장선에 있다. 북한정권이 단순히 정상적인 국가들과 다른 것이 아니라 혐오스럽다고 보는 시각에서,[25)] 한국 진보정부는 대북체제 전환과 한미공조

---

21) Susan E. Rice, "It's Not Too Late on North Korea," *The New York Times* 2017.8.10.

22) David Sanger, "Talk of 'Preventive War' Rises in White House Over North Korea," *The New York Times* 2017.8.20.

23) Michael J. Green and Matthew Kroenig, "A New Strategy for Deterrence and Rollback with North Korea," *War on the Rocks* 2017.10.19.

24) John Bolton, "The Legal Case for Striking North Korea First: Does the Necessity of Self-Defense Leave 'No Choice of Means, and No Moment of Deliberation'?" *The Wall Street Journal* 2018.2.28.

25) Gordon G. Chang, *Nuclear Showdown: North Korea Takes on the World*

의 장애물이며,[26] 트럼프의 대북 관여가 하노이 정상회담의 '노딜'처럼 진전을 보지 못하는 것은 당연하다. 북한은 "선의를 선의로 갚는 것을 허용하지 않는 체제"이기 때문이다.[27]

체제전환론은 북한 예외주의와 미국 예외주의의 복합물이기도 하다. 북한은 예외적으로 사악하고 위험하며, 대내적으로는 체제의 속성상, 본연적 그리고 대외적으로는 예외적으로 선하고 강력한 미국의 압력에 취약하다. 미국 기업연구소AEI의 에버스다트 Nicholas Eberstadt는 90년대 북한붕괴론의 대표적인 인물이다.[28] 그의 입장에서 싱가포르 정상회담은 핵 국가 북한을 정당화한 "김정은의 승리"이며 하노이회담에 임하는 "김정은의 계획은 그의 부친과 조부의 계획과 같은 대담한 수정주의적 계획으로 북한 정권의 통제 하에 한반도를 무조건적으로 통일"하는 것으로, 이러한 비전에 핵무기는 필수적이다.[29]

(New York: Random House 2006).

26) Gordon G. Chang, *Losing South Korea* (New York: Encounter Books 2019).

27) Gordon G. Chang, "The Hanoi Summit-We Asked Gordon Chang What Happens Next in U.S.-North Korea Relations," *The National Interest* 2019.3.12.

28) Nicholas Eberstadt, *Korea Approaches Reunification* (London: The National Bureau of Asian Research, 1995); Nicholas Eberstadt, "The Most Dangerous Country," *The National Interest*, no. 57 (1999), pp. 45-54: Nicholas Eberstadt, *The End of North Korea* (Washington D.C.: American Enterprise Institute Press, 1999).

29) Nicholas Eberstadt, "Trump Meets Kim Jung-un This Week. There'll Be

체제전환론의 최대 무기는 경제제재이다. 이성윤 터프츠대학교 교수는 오바마 정부 이래 워싱턴 조야에서 대북 경제제재와 인권·이념 공세를 주창해 온 대표적 인물이다. 그는 북한이 1960년대 이래 도발로 위기를 조성하여 협상의 장을 마련하고는 위장 평화공약을 내놓고 양보를 얻어내는 사악한 패턴을 반복해 왔기에 오바마 정부의 '전략적 인내'는 올바른 대응이었다고 주장한다. 좀 더 적극적으로는 북한에 대한 제재와 동시에 핵무기 개발로 전용되는 원조를 병행해 온 오류를 시정하여 북한에 대한 전면적인 경제재제와 함께 북한 주민들에게 북한체제의 실상을 알리는 비판적인 정보를 적극적으로 제공해야 한다고도 했다.[30]

이성윤은 북한체제에 대단히 비판적이지만, 박근혜정부의 실정과 그를 탄핵한 한국 민주주의에 대해서는 침묵했다. 오히려 그는 탄핵 이후 들어설 한국의 진보정부가 대북제재를 이완시킬 것을 우려해 곧 취임할 트럼프 정부에 예방적 조치를 취할 것을 제안했다.[31] 트럼프 정부 출범 이후 이성윤은 다른 강압론자들과 함께 포

One Winner," *The New York Times* 2019.2.25.: Nicholas Eberstadt and Alexandra Desanctis, "Kim Wins in Singapore," *The National Review* 2018.7.9.

30) Sung-Yoon Lee, "The Pyongyang Playbook," *Foreign Affairs* 2010.8.26, https://www.foreignaffairs.com/articles/northeast-asia/2010-08-26/pyongyang-playbook.

31) Sung-Yoon Lee, "How Trump Can Get Tough on North Korea Making Kim Pay for Belligerence," *Foreign Affairs* 2017.1.18, https://www.foreignaffairs.com/articles/north-korea/2017-01-18/how-trump-can-get-tough-north-korea.

괄적인 대북 제재-체제전환 방안을 제안했다. 핵심 주장은 "북한을 평화적으로 비핵화하는 마지막 남은 희망은 북한에게는 무장해제하고 개혁하든지 아니면 망하는 길밖에 없다는 점을 북한이 깨닫도록 하는 것으로, 이를 위해서는 '정치적 전복political subversion'과 '금융의 고립financial isolation'이 필요하다는 것이었다. 후자 모델은 재무부가 뱅코 델타 아시아 은행을 제재하여 북한의 돈줄을 죄었던 성과와 2016년 의회가 입법화한 미국의 독자적인 세컨더리 보이콧을 포함하는 포괄적인 대북 제재 법안이었다. 이들 모델에 기초하여 이성윤은 북한이 완전하고 검증 가능한 비핵화를 실시할 때까지 북한의 모든 해외 달러 자산을 동결할 것을 제안했다. '정치적 전복' 방안은 고위급의 탈북을 도모하는 것을 넘어서 북한 엘리트들에게 체제전환에 동조하면 통일민주한국에서 미래를 보장하고 이를 거부할 경우에는 처단을 경고하는, 북한의 입장에서는 노골적인 '대북 적대시 정책'이었다.[32] 이성윤의 입장에서 문재인정부는 우려대로 대규모 남북경협과 평화협정을 추진하여 한미동맹의 기반을 흔들고 있다.[33] 해외에서 국가건설·미국체제 확산을 추진하지 않는다고 선언한 트럼프 정부 역시 북한에 대한 기존 경제

---

32) Joshua Stanton, Sung-Yoon Lee, and Bruce Klingner, "Getting Tough on North Korea: How to Hit Pyongyang Where It Hurts," *Foreign Affairs* 2017년 5/6월호, p. 74.

33) Sung-Yoon Lee, "Welcome to the Showdown Over South Korea's Seoul," *The National Interest* 2018.11.5, https://nationalinterest.org/feature/welcome-showdown-over-south-koreas-seoul-35247?page=0%2C1.

제재를 유지하고는 있지만 체제 전환에 필요한 '정치적 전복'과 '재정적 고립'을 시행하지는 않고 있다.

강압론의 스펙트럼에서 북한에 대한 군사적 옵션의 위험성을 심각하게 고려하고, 이념적 열정으로 북한체제의 전환, 전복을 도모하기보다 미일동맹을 근간으로 하는 미국의 지역 전략 차원에서 한미동맹을 관리하고자 하는 전략적 시각으로 이동하면 지역동맹론에 이르게 된다. 한미일 삼각동맹 연구로 박사학위를 취득하고 대북 강압정책을 제안했으며 실제 부시 정부 정책에 관여했고,[34] 트럼프 정부에서 '코피 전략'에 반대하여 주한대사 임명이 철회된 빅터 차가 대표적인 지역동맹론자이다.[35]

지역동맹론의 숙원은 아시아 지역에서 북한의 위협이나 중국의 부상에 대응하기 위해서 미국의 쌍무적 동맹과 파트너들을 '연방적 방식'로 묶어내는 것으로, 일본 한국 호주 인도 등이 그 대상이었다.[36] 특히 북한의 위협을 명분으로 한미일 동맹을 나토처럼 결속하는 것이 주요 목표였다. 2016년 9월 발표된 미국외교협회CFR

34) Victor D. Cha, Alignment Despite Antagonism: The United States-Korea-Japan Security Triangle, Stanford: Stanford University Press 1999; Victor Cha, "Hawk Engagement and Preventive Defense on the Korean Peninsula," International Security 27, no. 1, 2002, pp. 40-78,

35) Victor Cha, "Giving North Korea a 'Bloody Nose' Carries a Huge Risk to Americans," The Washington Post 2018.1.30.

36) Michael Green et al., "Asia-Pacific Rebalance 2015: Capabilities, Presence, and Partnerships: An Independent Review of U. D. Defense Strategy," CSIS 2016.

의 대북 정책 보고서는 11월 대선으로 출범할 신정부에 한미일 삼국 중 한 국가를 공격하면 삼국 전체를 공격한 것으로 간주할 것과 그에 맞게 한미일 동맹의 제도화를 추진할 것을 제안했다.[37]

2018년 싱가포르 정상회담을 앞두고 빅터 차는 북한에 대한 "올바른 강압법"의 원칙을 지역 전략에 맞춰 한반도 정책을 추진하는 것으로 규정하고, 구체적 방안으로는 대북제재의 강화, 반확산 국제연대의 수립 등과 함께 한미일 동맹의 나토화를 근간으로 하는 한미일 군사동맹 강화를 제시했다.[38] 체제론자들이 트럼프의 대북 관여, 특히 싱가포르 정상회담에 대해서 전면적인 비판을 가하는 것과 달리, 동맹론자 빅터 차는 판문점 남북미 정상회동처럼 즉흥적인 트럼프의 대북 관여 방식은 비판하지만 트럼프 정부가 '코피 전략' 등 군사적 옵션을 포기한 점은 긍정적으로 평가한다.[39]

빅터 차에게 '악몽'은 동맹의 이완이고, 미국의 대북 군사공격은 한미동맹의 근간을 흔들 수 있다. 하노이회담 '노딜' 이후에도 그는 북미 핵협상의 교착보다도 한반도 평화에 의한 한미동맹의 이완을 우려했다. 전쟁 위협에서 벗어나고자 하는 한국정부의 평

---

37) Mike Mullen, Sam Nunn, and Adam Mount, A Sharper Choice on North Korea: Engaging China for a Stable Northeast Asia, New York: Council on Foreign Relations 2016.

38) Victor Cha and Katrin Fraser Katz, "The Right Way to Coerce North Korea: Ending the Threat Without Going to War," *Foreign Affairs* May/June (2018), pp. 87-102.

39) Victor Cha, "Trump and Kim Have Just Walked Us Back From the Brink of War," *The New York Times* 2018.6.12.

화체제 구축 노력에 반대할 수는 없지만, 종전·평화선언 등 평화프로세스가 시작되면 동맹을 미국에 대한 부담으로 여겨온 트럼프가 일방적으로 주한미군을 철수할 수도 있다는 것이, 그의 "서울에 관한 전략적 고뇌"(Seoul/Soul Searching)였다. 그에 따르면, 북핵 말고는 한미 동맹 의제가 거의 없는 점과 대외 정책에서 미국 대통령의 막강한 권한을 고려하면 트럼프의 일방적인 결정을 제어할 요소도 없다. 트럼프가 실제적으로 공화당을 접수한 점을 고려하면 주한미군 철수는 미국 국내 정치적으로 수용될 것이고, 한국에서도 보수의 반발과 일시적인 주가폭락 등이 발생할 수 있지만 결국은 주한미군 없는 한미동맹이 유지될 것이다. 이 경우 미국의 안보 공약에 대한 신뢰와 영향력은 크게 제한될 것이다. 이처럼 평화가 미국의 힘을 제한하는 전망에 직면하자 그는 단연코 동맹을 선택했다. 향후 대북협상은 동맹 자산을 보존하는 원칙에서 이루어져야 하고 평화협정은 주한미군에 대한 그 어떤 제한도 가해서는 안 되며 의회는 트럼프의 일방적인 결정에 대한 예방조치로 주한미군의 유지를 법적으로 규정해야 한다고 주장한다.[40]

3. 현실주의: 핵국가 북한에 대한 관여

강압이 예외적으로 사악하고 취약한 북한과 예외적으로 선하고

---

40) Victor Cha, "Seoul Searching," *The National Interest* 161 (2019), pp. 10-19.

강력한 미국이라는 북한-미국 예외주의의 산물이라면, 관여는 북한과 미국을 상황과 능력에 따라 국익을 추구하는 합리적 국가로 보는 현실주의에 기반을 두고 있다. 현실주의는 국제 정치학계 주류 패러다임이지만, 워싱턴 외교안보 정책전문가집단에서는 거의 예외에 가깝다. 냉전 이후 워싱턴 조야는 전 지구적 동맹 체제와 군사력 투사를 공통분모로 하는 신보수주의 군사주의와 자유주의 패권이론에 입각해서, 미국 패권의 지구적 확산을 정당화해 왔기 때문이다.

안보 딜레마는 현실주의의 기본 공리이다. 관여는 북한이 미국에 대해서 느끼는 안보 불안을 인정하고, 또한 북한의 핵능력과 미국의 강압 능력의 한계를 인정한다. 관여의 시각에서 보면, 핵 억지와 협상의 일반적 경험이 북한에 적용되지 말라는 법도 없고, 미국의 이라크와 리비아 침공, 이란 핵합의 파기 등을 고려하면 협상의 진정성을 행동으로 증명해야 하는 것은 북한이 아니라 오히려 미국이다. 관여론은 협상론, 평화체제론, 주한미군 철군론으로 나눌 수 있다.

협상론은 북핵문제의 관리에 초점을 둔다. 기원 혹은 배경으로 보면 협상론은 두 가지이다. 하나는 1990년대 이래 북한과의 협상 경험에 입각한 전통적 협상론이고, 다른 하나는 최근 북한의 핵능력 증강 이후 제기되는 현실적 협상론이다. 북핵문제에 대한 인식의 틀로 보면, 전통적 협상론은 북한의 특수한 상황에 대한 이해를 기반으로 하고 있고, 현실적 협상론은 현실주의의 안보 딜레마나 핵 군축, 협상의 일반론에 의존한다.

전통적 협상론의 대표는 페리W. Perry다. 그는 클린턴 정부 1기에는 국방장관으로 북한에 대한 군사적 옵션을 검토했고, 2기에는 대북조정관으로서 포괄적 대북 관여 정책인 페리 프로세스의 외교적 노력을 이끌었다. 페리는 북한의 비핵화 의지에 대해서 회의적이다. 북한 정권의 생존에 핵무기가 필수적이기 때문에 협상을 통해서 완전한 비핵화를 이끌어내기는 대단히 어렵다는 것이다. 북한이 단지 핵개발 권리를 협상의 대상으로 했던 1990년대에도 협상이 결국 실패한 점을 고려하면, 이미 개발한 핵무기를 포기하게 만드는 협상은 더욱 어려울 수밖에 없다. 하지만 군사적 해법은 없고 한국이나 일본의 핵무장을 허용할 수도 없다. 부시 정부나 오바마 정부가 협상을 포기한 결과 북한의 핵 능력이 증강했다. 북한이 사악하지만 순교를 원하지는 않는 합리적 행위자이기 때문에 협상으로 북핵문제를 관리할 수 있다는 것이 그의 협상(불가피)론이다. 김영삼 정부와 미국 공화당 의회가 클린턴 정부의 대북 관여에 부정적이었던 것과 비교하면, 현재 문재인 정부가 남북·북미 관계 진전에 적극적이고 트럼프가 공화당을 장악하고 있다는 점은 긍정적인 요소이다.[41]

현실적 협상론의 주체는 크게 두 부류이다. 하나는 북핵문제에 대한 일반론을 제공하는 국제정치나 핵 전문가들이고, 다른 하나는 강압론에서 '전향'한 정책 전문가들이다. 북핵문제가 미국 국가

---

41) William Perry, "Why I'm Still Hopeful About Trump's North Korea Deal: And why it also won't be easy" *Politico* 2018.7.2.

안보 문제가 되면서, 한반도나 아시아 지역 전문가가 지배하던 북핵 정책 담론의 장에 국제안보 전문가들이 대거 참여하게 되고, 북한이나 트럼프에 대한 비판을 넘어 실제적 대안에 대한 요구가 높아진 결과이다.

북핵 담론에서 현실주의의 부상을 상징하는 사건은 『포린 어페어Foreign Affairs』가 2018년 5·6월에 '올바른' 대북 강압을 제안하는 빅터 차의 공저 논문을, 오인에 의한 한반도 핵전쟁의 위험을 경고하는 현실주의 국제정치학자인 저비스R. Jervis의 공저 논문과 나란히 실은 것이다. 저비스는 빅터 차가 주장하는 북한 예외주의와 강압의 효과에 대해서 다음과 같은 비판을 제기한다. 북한에게 핵무기의 가장 중요한 용도는 정권 생존이고 적화통일이나 동맹 이완은 부차적인 것이다. 경제재재는 국제협조가 필요하고 효과를 보려면 시간이 걸리는데, 그 사이 북한의 핵능력은 지속적으로 증가한다. 미국이 북한에 완전한 비핵화를 '강요할compel' 능력이 있는지 의문이다. 또한 북한에 대한 미국의 군사적 위협이나 경제제재는, 미국이 의도하는 것처럼 북한을 협상으로 이끄는 것이 아니라, 적대적 신호로 해석되어 북한의 군사적 대응을 부를 위험이 있다. 협상은 적어도 북미가 서로 오해를 줄여나갈 기회라도 제공한다.[42]

국제안보와 핵의 일반론에서 보면, 북핵문제의 근원은 안보 딜레마이고, 북한 비핵화와 한미동맹의 지속 그리고 평화는 동시에

---

42) Robert Jervis and Mira Rapp-Hooper, "Perception and Misperception on the Korean Peninsula," *Foreign Affairs* May/June (2018), pp. 103-117.

이루어질 수 없는 트릴레마다. 북핵문제의 해결은 핵군축 협상 모델을 따를 수밖에 없다. 미국 전문가들이 이를 부정하고 지속적으로 북한에게 완전한 비핵화를 요구하는 것은 그간의 실패를 인정할 수 없기 때문이다. 하노이회담을 앞두고 북한이 제안한 영변의 가치를 깎아내리는 것 역시 관성적인 집단사고의 산물이다. 하노이에서 트럼프는 북한으로부터 얻을 수 있는 최상의 거래를 걷어차 버렸다. [43]

북한의 핵능력과 군사적 옵션의 한계 등 대안 부재를 고려할 때 북한과의 협상은 불가피하며 단기적 과제는 완전한 비핵화가 아니라 그 전 단계인 '잠정 합의interim agreement'라는 데 대해 상당수 워싱턴 주류 전문가들이 동의한다. '전향한' 협상론자의 대표적인 인물은 미국 외교협회 회장인 하아스R. Haass이지만 아마도 가장 흥미로운 인물은 국익연구소의 카자니스H. J. Kazianis일 것이다. 하아스는 북한이 핵물질 생산을 중단하는 데 대해 부분적으로 제재를

---

43) Jeffrey Lewis, "Opinion: Trump Just Walked Away From The Best North Korea Deal He'll Ever Get," *NPR* 2019.3.1., https://www.npr.org/2019/03/01/698909173/opinion-trump-just-walked-away-from-the-best-north-korea-deal-hell-ever-get; 구갑우, "'평창 임시 평화 체제'의 형성 원인과 전재: 한반도 안보딜레마와 한국의 '삼중모순(trilemma)'" 『한국과 국제정치』 제34권2호 (2018), 137-169쪽; Christopher Lawrence, "A Window Into Kim's Nuclear Intentions? A Closer Look at North Korea's Yongbyon Offer," *War on the Rocks* 2019.1.15, https://warontherocks.com/2019/01/a-window-into-kims-nuclear-intentions-a-closer-look-at-north-koreas-yongbyon-offer/; Nicholas D. Anderson, "America's North Korean Nuclear Trilemma," *The Washington Quarterly* 40 no. 4 (2017) pp. 153-164.

해제하는 것을 중심으로 하는 새로운 협상안을 제안했고, 이 틀은 최근 반확산 전문가 아인혼R. Einhorn에 의해서 좀 더 구체화되었다. 카자니스는 강압에서 관여의 현실론과 평화체제론 사이로 전향한 사례인데, 그 중요한 이유는 중국의 부상이었다. 미국이 중국과 북한을 모두 봉쇄할 능력이 없기 때문에, 중국 봉쇄에 집중하기 위해서는 북핵문제가 해결되어야 하고, 그 해법은 협상을 통해서 북한이 원하는 안전 담보를 제공하는 길밖에 없다는 것이다.[44]

평화체제론은 북핵문제의 근본적인 해결을 위해 평화의 조건들을 다루고자 한다. 평화체제론은 1990년대 제네바합의와 2005년 9·19 공동성명을 모델로 한다. 1990년대 북미 협상 경험을 지닌, 지금은 '38North' 웹사이트를 플랫폼으로 활동하는 시걸L. Sigal과 위트J. Wit는 기존 북미협상 실패 책임이 주로 미국에 있다고 비판하는 반면 북한의 비핵화 협상 의지를 대단히 높이 평가한다. 이들은 북한이 1970년대 이래 요구해 온 정전협정을 대체하는 평화협정이 비핵화 협상이 성공하는 데 필수조건이라고 강조한다. 워싱턴 주

---

44) https://www.38north.org/reports/2019/08/reinhorn080219/; Richard Haass, "Picking Up the Pieces After Hanoi," *Project Syndicate* 2019.3.15; Harry Kazanis, "Denuclearization Is a Fantasy: Why Trump Should Embrace the Truth on North Korea's Nukes," *The National Interest* 2018.10.18, https://nationalinterest.org/blog/skeptics/denuclearization-fantasy-why-trump-should-embrace-truth-north-korea%E2%80%99s-nukes-33176; Harry Kazanis, "The Trump administration must choose: Contain China or take on North Korea," *The Hill* 2018.8.13, https://thehill.com/opinion/national-security/401532-the-trump-administration-must-choose-contain-china-or-take-on-north.

류의 우려와 달리 북한은 한반도 평화체제에서 주한미군과 한미동맹을 인정할 것이라고 전망하며, 싱가포르 정상회담 이후 북한에 대한 상응조치 제공 없이 선비핵화나 빅딜을 요구하는 트럼프 정부에, 협상은 철저하게 단계별 주고받기를 통해서만 진전될 수 있다고 경고한다.[45]

9·19 공동성명은 다자, 다차원 협상의 틀이었다. 그 입안자로 알려진 젤리코P. Zelikow는 비건의 '동시병행' 협상전략의 틀을 제공하는, 한반도의 항구적 평화를 구축하기 위한 다차원 협상을 제안하고 있다. 젤리코 평화체제론의 대전제는, 북미의 단계적 비핵화 협상은 북미 양자는 물론 한국과 중국, 일본과 러시아 및 유엔까지 한반도 이해 당사자들이 수용할 수 있는 평화의 근본 조건을 다루지 못하기 때문에 실패할 수밖에 없다는 것이다. 그가 제안하는 협상 영역은 비핵화의 초점인 핵과 ICBM을 넘어, 정전협정을 대체하는 평화협정, 재래식 병력감축과 단·중거리 미사일, 경제재재 해제, 일본인 납치와 북한 인권 등을 포괄한다. 젤리코 제안의 특징은 북한의 비핵화 의지를 전제하지 않으며 주한미군과 한미동맹은 한국의 민주적 결정에 맡긴다는 점이다. 비슷한 맥락에서 졸릭R. Zoellick도 다차원 협상을 제안하다. 재래식군비 협상에서 주한미군 감축이 가능하다고 보고, 지역안보 협상에서 단거리미사일 감축을 꼭 다루어야 하며, 한미가 북한에 경제개혁 모델을 제공하고 제재

---

45) 대표적으로 Leon V. Sigal, "'All Take, No Give' Won't Work with North Korea," *38 North* 2018.8.29.

중에도 식량, 영양, 인도적 지원은 반드시 해야 한다고 주장한다.[46]

주한미군 철군론은 관여의 극단으로, 강압의 극단인 예방전쟁과 대척점에 있다. 예방전쟁은 북핵 위협, 특히 본토 위협을 사활이 걸린 국익으로 미국의 군사적 능력을 확신하며 동맹의 희생을 감수하려고 한다. 철군론은 능력 차원에서는 한미가 북한에 대한 전통적 봉쇄와 억지의 능력은 갖고 있지만 북한의 비핵화를 강압할 능력은 갖추지 못했다고 평가한다. 위협과 이익의 차원에서는 주한미군이 한미 양국의 국익을 오히려 저해한다고 보고 주한미군 철군은 북한이 원하는 평화체제-비핵화의 첩경이라고 주장한다.[47]

철군론은 냉전의 종언 이후부터 카토Cato 연구소의 밴도우D. Bandow와 카펜터T. G. Carpenter가 집중적으로 제기해 왔다. 워싱턴에서는 대단히 예외적이게도, 카토 연구소는 자유지상주의에 따라 대내외적으로 작은 정부를 지향한다. 철군론은 남북한 국력 차이

---

46) Philip Zelikow, "북한과 어떻게 외교를 할 것인가: 비핵화에만 집중하는 전략은 잘못이다," *JPI PeaceNet* 2018-35, 2018.8.2, http://www.jpi.or.kr/kor/regular/policy_view.sky?code=archive&id=5654; Robert B. Zoellick, "How to Negotiate With Kim Jong Un: No more generalities and sweet talk. It's time to hold the North Korean leader to specific promises," *The Wall Street Journal* 2019.2.24.

47) Ted Galen Carpenter, "Trump-Kim Jong Un Talks Shouldn't Focus on Getting North Korea to Give up Its Nukes," *Cato Institute* 2019.7.1, https://www.cato.org/publications/commentary/rump-kim-jong-un-talks-should-nt-focus-getting-north-korea-give-its-nukes; Doug Bandow, "Should U. S. Trade Troops in South Korea for Norks' Nukes?" *Cato Institute* 2018.5.27, https://www.cato.org/publications/commentary/should-us-trade-troops-south-korea-norks-nukes.

에 주목하여 체제전환론이 강조하는 북한의 적화통일 위협에 동의하지 않으며, 한국의 자주성 침해와 미국의 비용 등을 이유로 지역동맹론은 물론 워싱턴 주류의 전략적 대전제인 주한미군 주둔의 이점도 인정하지 않는다.[48] 철군론은 관여의 협상론이나 평화체제론도 전면적으로 동의하지 않는 극단적인 입장이다.

　카토 연구소는 그동안 외롭게 워싱턴의 개입 도그마와 그에 따른 '끝없는 전쟁endless war'에 반대해 왔다. 패권의 전통과 워싱턴 패권 엘리트들에 대한 비판은 트럼프는 물론 민주당의 진보적인 대선 후보들과 진보와 보수가 연합해서 창립하는 워싱턴의 새로운 싱크탱크 퀸시 연구소Quicy Institute for Responsible Statecraft에 의해서도 제기되고 있다. 학계에서는 현실주의자와 자유지상주의자들이 패권 엘리트들에 대한 비판을 주도하고 있다.[49] 미국 패권의 기반에 지각 변동이 일어나고 있는 것이다. 철군론을 무시할 수 없는

---

48) Doug Bandow and Ted Galen Carpenter, eds., *The U.S.-South Korean Alliance: Time for a Change* (New Brunswick: Transaction Publishers, 1992); Ted Galen Carpenter, "Ending South Korea's Unhealthy Security Dependence," *Korea Journal of Defense Analysis* 6, no. 1 (1994), pp. 175-196.

49) Stephen Kinzer, "In An Astonishing Turn, George Soros and Charles Koch Team Up To End US 'Forever War' Policy," *The Boston Globe* 2018.6.30; Daniel Nexon, "Toward a Neo-Progressive Foreign Policy: The Case for an Internationalist Left," *Foreign Affairs* 2018.9.4, https://www.foreignaffairs.com/articles/united-states/2018-09-04/toward-neo-progressive-foreign-policy; Stephen M. Walt, *The Hell of Good Intentions: America's Foreign Policy Elite and the Decline of U.S. Primacy* (New York: Farrar, Straus and Giroux, 2018); Patrick Porter, "Why America's Grand Strategy Has Not Changed: Power, Habit, and the U. S. Foreign Policy Establishment," *International Security* 42, no. 4 (2018), pp. 9-46,

이유이다.

4. 평화(와 혼돈), 새로운 시작

판문점 정상회담의 구호는 '평화, 새로운 시작'이었다. 남북 정상은 다시는 과거로 돌아가지 않겠다고 다짐했다. 한반도 비핵화와 평화체제 건설은 최종건 청와대 평화기획 비서관이 2019년 7월 애스펀 안보회의 북한 패널에서 강조했듯, 미국의 예방전쟁이든 남북의 우발적 충돌에 의한 핵전쟁이든 한국으로서는 감당할 수 있는 선택의 문제가 아니다. 같은 패널에 참가한 북한의 비핵화 의지에 대단히 회의적인 수미테리Su Mi Terry와 힐C. Hill, 로즈B. Rhodes도 모두 현실적 협상론을 지지했다. 북한의 비핵화 진정성 여부는 더 이상 강압과 관여의 기준이 아니다.[50]

평화로 가는 길은 순탄치 않다. 2019년 6월 30일 남북미 정상이 판문점에서 만난 역사적인 회동 이후 북한은 한미연합군사훈련에 대한 반발로 단거리 미사일 도발을 감행했고, 러시아와 중국은 한국 영공을 침범하며 연합훈련을 했다. 일본은 역사 문제로 경제 보복을 가해 왔다.[51] 한일 갈등은 안보(군사정보공유협정 종료)와

---

50) "North Korea: Where Do We Go From Here," *Aspen Security Conference*, 2019.7.20, https://aspensecurityforum.org/wp-content/uploads/2019/07/North-Korea_-Where-Do-We-Go-from-Here.pdf.

51) 서재정, "흔들리는 분단체제, 어디로 가는가: 한반도 7월 위기의 뿌리와 미래," 「창비주간논평」.

경제, 역사, 전 영역으로 확산되었다. 트럼프는 북한에 대한 최대 압박에서 관여로 선회하며 한반도 평화프로세스를 이끌고 있지만, 동시에 중국과 무역 및 환율 전쟁을 시작했고, 한일 역사와 경제 갈등에 관여하지 않으며 동맹 분담금 대폭 인상만 요구하고 있다. 가치와 경제와 안보가 정렬된 한미동맹은 더 이상 존재하지 않으며, 한국의 안보와 경제가 기대고 있던 대외 환경 전반이 붕괴되고 있다. 평화와 혼돈의 대전환이 시작된 것이다.

상호주의는 이제 학술적 차원 이상의 문제가 되었다. 트럼프의 미국 우선주의가 기존 미국 예외주의와 북한 예외주의를 부정하며, 한반도 평화의 새로운 상호주의를 열었지만 트럼프 정부의 상호주의 역시 기존 선 비핵화 요구와 제재 유지를 동반하는 위태로운 상호주의였다. 북한이 이에 반발하며 한반도 평화의 길은 또다시 가로막혀 버렸다.

동서독 관계에서 상호주의의
의미와 실천 그리고 시사점[1]

김학성(충남대학교, 대한민국)

통일연구원 선임연구위원와 한국정치정보학회 회장을 역임했고
전국대학통일문제연구소협의회 상임대표이다. 편저로『통일의 길
위에 선 평화: 한반도 문제의 구조적 이해』(2019), 공저로『독일 통
합과 한국』(2019)이 있으며, 주요 논문으로 "한반도 문제의 해결방
법에 관한 제도주의적 접근" (『한국과 국제정치』32권 2호 [2016] 수
록)이 있다.

---

[1] 본 논문은『사회과학연구』(충남대사회과학연구소) 제32권 1호
(2021.1.31.)에 게재되었음.

제1부 안보의 논리와 상호주의

1. 문제제기

남북교류협력이 지속적으로 발전하지 못하는 이유는 한두 가지가 아니며 한반도 내외 환경 곳곳에서 찾을 수 있다. 이중에서 한국사회가 간혹 잊거나 외면하는 것이 있다. 크게 보면 부정적 대북 인식이고, 더욱 구체적으로는 교류협력 방법에 관한 갈등이다. 혹자는 북한의 핵개발과 무력도발, 미·중 갈등이 훨씬 비중이 높다고 생각한다. 남한의 대내적 원인을 가볍게 여기기도 한다. 단기적 시각으로 보면 그렇게 보이기도 한다. 그렇지만 남북교류협력을 단지 사업적 성과의 대상으로 보지 않고 한반도의 지속적 평화와 통일을 향한 초석을 마련한다는 목표와 연결시킨다면, 대내적 원인은 결코 가볍게 지나칠 수 있는 사안이 아니다.

한국사회에서 남북교류협력의 필요성을 부인하는 사람은 거의 없다. 그러나 실천적 방법론에 들어가면, 심각한 균열과 논쟁이 드러난다. 그 쟁점을 한 단어로 압축하면 '상호주의reciprocity'라고 할 수 있다. 한국 사회에서 상호주의는 1998년 김대중 정부가 대북포용정책을 추진하기 시작하면서 논란의 중심에 섰다. 1998년 4월 북경에서 남북차관급 회담이 개최되어 대북 식량·비료지원과 관련된 대화가 시작되자 정치권과 언론을 필두로 대북지원의 대가로 받아야 할 등가적 가치에 관한 문제를 제기하는 가운데 상호주의[2] 개념이 부상했다. 등가성에 대한 논의가 국민적 관심사가 된 상황에서 여론의 부담을 느낀 김대중 정부는 첫 남북협상을 과감하게 진행시키지 못했고, 결과적으로 협상은 결렬되고 말았다.

이후 남북관계가 개선되어 교류협력이 점진적으로 확대되기 시작하자 상호주의를 어떻게 적용하는 것이 옳은지에 관한 논쟁이 소위 '남남갈등'의 한 축을 형성하게 되었다. 보수 측에서는 '엄격한' 상호주의를 주장하며 즉각적이며 등가적인 '주고받기TFT: Tit for Tat' 방식을 원칙으로 내세웠고, 진보 측은 '느슨한(또는 신축적)' 상호주의 내지 '포괄적' 상호주의 입장에서 반드시 즉각적일 필요도 없고, 등가성 계산도 매우 유연하고 포괄적으로 해야 한다고 주장했다. 이렇듯 상호주의에 관한 상이한 관점이 충돌하는 가운데 언론이 개념 사용에 혼란을 일으키자 남남갈등의 골은 더 깊어졌다.

이렇듯 논쟁의 부정적 효과를 감소시키고 향후 남북 교류협력

---

2) 학술적으로 reciprocity는 '상호성'으로 번역되어 사용되지만, 일반적으로 사용되는 '상호주의' 개념과 크게 다르지 않다. 따라서 본 논문에서는 상호주의나 상호성을 동일한 개념으로 사용할 것이다.

제1부 안보의 논리와 상호주의

을 의미 있게 발전시키고자 한다면 상호주의 개념의 이해와 분단 국에서 상호주의를 실제 적용한 사례를 일별하는 작업이 필요하다. 특히 사례 분석과 관련하여 한국 사회가 모범으로 평가하는 독일 사례에서 시사점을 찾아보는 것이 유용하다고 판단된다. 1970년대 초부터 역대 한국정부의 통일정책이 서독의 독일정책 Deutschlandpolitik에서 많은 부분을 원용해 온 것을 상기하면 더욱 그러하다. 독일과 한반도의 분단 상황이 다르기에 독일의 경험이 한반도에 그대로 적용되어 동일한 효과, 결과를 가져오지는 못할 것이다. 그렇지만 독일 사례에서 적절한 시사점을 찾아서 창조적으로 활용하려는 노력마저 거부하는 것은 어리석은 일이다. 평화통일을 지향하는 우리에게 독일 사례는 전례가 드문 역사이기 때문이다. 분단을 극복하기 위한 조건들뿐만 아니라, 통일 이후의 통합 문제를 구체적으로 준비하는 데도 도움을 얻을 수 있다. 이러한 맥락에서 이제부터 분단 시기 동서독이 서로 신뢰를 창출하고 교류협력을 확대하는 과정을 상호주의의 개념으로 이해하고 설명하는 데 초점을 맞출 것이다. 국제정치학에서 상호주의는 매우 중요한 개념이지만, 이론에 따라 그 의미와 내용이 다르기 때문에 논쟁 대상이 될 수 있다. 이 점을 충분히 염두에 두고 동서독 관계에서 찾을 수 있는 상호주의가 이론적으로나 현실적으로 어떠한 의미를 가지고 있는지 정리해 볼 것이다. 그리고 이를 기반으로 시사점, 특히 한반도에 상호주의를 적용하는 방식에 관한 논쟁을 어떻게 이해하고, 어떤 대안을 마련해야 할지를 간략하게 제시하고자 한다.

2. 상호주의 개념의 다양한 이해

한국 사회에서 사용되는 상호주의 개념이 "행위자(개인, 단체, 국가 등) 사이에 합리적이고 적절한 이익(또는 손해)의 교환행위 방식"을 의미한다면, 이는 게임이론을 위시한 전략이론, 흥정을 위한 협상이론, 제도주의이론 등 국제정치 이론에서 협력을 가능하게 하는 주요 조건으로 간주되는 '상호성' 개념과 상응하는 것이 분명하다. 만약 행위자들 사이에 상호성이 존재하지 않으면 협력이나 교환 행위가 발생하지 않는다. 그렇더라도 상호성은 그렇게 간단하게 이해할 수 있는 개념이 아니다.

이론들에서는 행위자들 사이에 상호작용하는 보편적인 방법으로서 상호성이 다양하게 이해되고 있다. 예컨대 상호성에 관한 판단기준이나 교환(또는 협력) 행위에 대한 평가 내지 판단 등은 '사회를 바라보는 관점' 즉 이론에 따라 매우 다르게 이해될 여지가 크다. 따라서 상호주의를 정확하게 이해하기 위해서는 사회를 바라보는 관점의 차이에 대한 간략한 선이해가 필요하다.

먼저 그 관점들을 분류해 보면, 크게 '행위이론'과 '구조이론' 두 가지로 나눌 수 있다. 행위이론은 행위자의 전략행위를 독립변수로 간주하여 모든 사회현상을 설명하며, 구조이론은 제도를 행위의 독립변수로 간주한다. 행위보다 제도에 더욱 주목하는 것이다. 물론 행위이론이 모든 종류의 제도를 무시하는 것은 아니지만, 제도를 외부 환경 요소로서 부차적이거나 행위의 결과물로 간주하여 언제나 행위에 의해 변화될 수 있다고 생각한다. 어쨌든 모든 이론들은 행위와 구조에 대한 나름의 이해 방식이 있으며, 특히 행위와 구조의 상호 관계를 서로 다르게 판단한다. 그 판단 기준은 크게 두 가지이다. 하나는 '행위 논리'에 관한 것이고 다른 하나는 '역사의 효율성'에 관한 것이다.(March & Olsen 1998, pp. 949-954)

행위 논리와 관련하여 이론적으로는 대체로 두 가지 시각이 대립하고 있다. 하나는 '결과주의 논리logic of consequentialism'로서 특정 선호 또는 이익 추구의 합리적 행위에 초점을 맞추며, 다른 하나는 '적합성의 논리logic of appropriateness'로서 행위를 결정하는 정체성 내지 규칙적 기반에 초점을 둔다. 역사의 효율성과 관련해서도 역시 두 가지 시각이 경쟁하고 있다. 하나는 역사를 외부로부터 주어진 이익과 자원에 의해 형성된 유일한 균형을 향해 빠르게 나아가는 과정course으로 간주함으로써 역사를 매우 효율적인 것으로 판단하는 시각이다. 이에 반해 역사를 다양한 균형과 이익, 자원의 내재적 변화에 의해 영향을 받는 비효율적인 것으로 보는 시각도 있다. 이러한 상이한 견해를 기준으로 사회를 바라보는 관점을 정리하면, 〈그림 1〉과 같이 분류할 수 있다.

행위 논리

	결과주의 논리	적합성 논리
효율적 역사	**기능적 합리성** - 합리적 행위이론 - 주류 국제정치이론 - 신자유제도주의 IR	**기능적 제도주의** - 사회학적 제도주의 - 제도주의 경제학 - 일부 구성주의
비효율적 역사	**역사의존적 합리성** - 합리적 선택 제도주의	**역사의존적 제도주의** - 역사적 제도주의 - 대다수 구성주의

역사 개념

〈그림 1〉 사회질서의 동력에 관한 관점의 분류
(출처 March & Olsen 1998, p. 957.)

일반적으로 상호주의 개념은 위 그림에서 "기능적 합리성"에 속하는 이론들에 의해 가장 적극적으로 활용된다. 그중에서도 이익 극대화를 위한 전략적 행위에 초점을 맞추는 합리적 행위이론은 상호성을 전제로 하는 게임이론을 고안했다. 특히 국제정치학의 현실주의 이론가들은 무정부상태의 국제사회에서 가장 중요한 국가이익이 생존이라고 믿기 때문에 이를 담보할 수 있는 TFT 방식의 상호성 추구를 합리적 행위로 간주한다. TFT 방식에는 교환가치의 기준과 교환시점에 대한 특정한 시각이 있다. 즉 교환가치의 기준에서는 항상 '상대이득relative gains'을 강조하기 때문에 TFT의 결과가 상대방에게 조금이라도 더 많은 이득을 주는 것은 금물이며, 무정부상태로 인한 상호불신 탓에 교환시점 역시 동시적으로 이루어지는 것을 원칙으로 생각한다.

그러나 게임이론에서 잘 드러나듯이 합리적 행위이론이 가정하는 TFT 방식의 상호성 실천은 사회의 현실과는 일정한 괴리가 있다. 행위자들의 일상적 교환 행위 속에서는 항상 등가적이지도 또 동시적이지도 않은 결과들이 빈번히 발생한다. 여기에는 현실적이든 이론적이든 분명한 이유들이 있다. 무엇보다 교환하는 대상의 가치를 정확하게 계산할 수 없는 경우가 빈번하다. 특히 물질적인 것과 비물질적인 것의 교환에서 가치의 정확한 측정은 항상 어렵다. 또한 현실 사회에서 상호 교환 행위는 단지 말이 없는 게임이 아닐 경우가 대부분이다.(Müller 1994, p. 24; Risse-Kappen 1995, p. 176) 대체로 협상을 통한 흥정은 정보에 대한 비대칭성이 전제된 경우가 적지 않다. 정보가 충분하기 않을 경우, 가치의 정확한 추산은 더욱 어렵다. 뿐만 아니라 현실에서 게임은 일회적이지 않고 반복된다. 이를 통해 발생하는 학습 효과는 제도를 태동시키기도 한다. 즉 현실의 게임은 결코 제도의 진공 상태에서 발생하는 것이 아니다.

제도에 주목하는 신자유제도주의 국제정치이론은 무정부 상태에서도 국가들이 제도 덕분에 상호 협력할 수 있다고 주장한다. 이에 따르면 제도는 국제규범 형성, 교환 비용transaction costs 감소, 정보의 투명성을 증대하여 시장의 실패를 억제하는 기능을 발휘한다. 또한 제도가 그렇게 작동할 수 있도록 만드는 것으로서 국가들 사이의 '특화된 상호성specific reciprocity'과 '분산된 상호성diffuse reciprocity'이란 개념이 제시되기도 한다.(Keohane 1989, pp. 137-151) 신자유제도주의는 합리성을 강조하는 제도 개념과 더불어 현실주의와 대비되는 '절대이득absolute gains' 개념을 도입하여 TFT 방식을 넘어서 더욱 풍부한 상호성의 실현 방법을 설명했다.

기능적 합리성 범주에 속하는 이론들이 상호성 개념을 기반으로 행위자들 사이의 협력 가능성을 설명한다면, 구조를 중시하는 이론들은 국가 간 협력의 근거와 과정을 구조적 요인과 결부시킨다. 예를 들면 공동체, 정체성, 문화, 규범 등이 협력의 기반이라는 것이다. 실제로 행위자의 모든 행위가 전략적 계산으로만 이루어질 수는 없으며, 그 기저에 문화나 규범과 같은 구조의 영향을 받고 있다는 사실을 부정할 수 없다. 전략적 행위를 위해서는 일차적으로 무엇이 이익인지가 규정되어야 하며, 그 이익은 국가의 문화 내지 규범이 반영된 정체성에 의해 결정되기 때문이다. 그렇다면 합리적 행위이론이 말하는 협력 행위의 상호성은 이미 국가의 문화와 정체성에 이미 내포되어 있다.(Wendt 1994, pp. 385-388) 즉 어떠한 문화와 정체성을 가지는가에 따라 국가 간 상호성의 실천 방식이 달라질 수 있다. 요컨대 구조이론에서 상호성은 단지 이익 극대화를 추구하는 수단이기만 한 것이 아니라 사회적으로 통용되는 규범에 적합한지 여부와 연결되어 있기 때문에 결과보다는 과정 지향적인 성격을 띤다.

이렇듯 상호주의 개념은 사회를 바라보는 관점에 따라 다르며, 현실적으로는 각 사회의 규범 및 문화에 따라 차이를 보이게 될 것은 의문의 여지가 없다. 기능적 합리성으로 분류된 이론들이 생각

제1부 안보의 논리와 상호주의

하는 상호주의는 정책 및 전략을 모색하는 데 유용하게 활용될 수 있으나 앞에서 지적했듯이 현실에 그대로 적용하기에는 적지 않은 문제점을 내포하고 있다. 비록 합리주의 이론이 정책의 효율성 측면에서 강점을 가지나, 이것만으로는 정책의 정당성 문제에 대한 판단 기준을 제공하지 못한다는 한계가 있다.

그렇지만 행위이론과 구조이론이 항상 배타적이라고 말할 수는 없다. 이론적으로는 배타적으로 보이나 현실세계에서는 대체로 매우 미묘한 상호관계를 유지한다. 모든 현실의 행위자는 반드시 완벽하게 결과만을 계산하는 목적 합리성이나 규범 중 어느 하나만을 따르지는 않기 때문이다. 만약 행위 전략이 규범에 맞게 구성된 것이라면, 이를 바탕으로 상호작용을 통해 축적된 경험은 상호주의를 판단하는 강력한 기준이 될 수 있다. 그러므로 어떠한 교환 및 협력 행위에 어떠한 상호주의가 적용되는 것이 바람직한지를 판단하기 위해서는 행위이론과 구조이론을 두루 고려할 필요가 있다. 요컨대 상호성을 강조하는 행위이론의 논리를 무턱대고 국가 간 협력의 보편적 기준으로 삼기보다 각 사회의 문화에 대한 충분한 고려가 있어야 한다. 동서독 관계에서 작동한 상호주의도 바로 그러한 맥락에서 이해될 수 있다.

3. 동서독 관계에서 상호주의의 실천방식들[3]

1949년 동서독 정부가 각각 수립된 이후 통일에 이르기까지 동서독 관계에 적용된 상호주의는 1972년 공식적 관계 정상화를 이룬 시점을 전후해서 큰 차이를 보인다. 1972년 12월 21일 「동서독 기본조약Grundlagenvertrag」이 체결된 이후 동서독 관계는 당국 간 대화를 통한 교류협력 제도화를 점진적으로 이루어 가기 시작했다. 물론 기본조약 체결 이전에도 동서독 사이에 교류가 있었으나, 관행적 내지 비공개적이거나 사안별로 이루어짐으로써 안정성과 지속성이 담보되지 못했다. 요컨대 기본조약 체결 이전에 작동한 상호주의는 4대 강국이 점령했던 시기에 시작되었던 관행을 따르는 것이 대부분이었고, 새로운 이슈에 대해서는 이슈별 TFT 방식이 일반적이었다. 그러나 기본조약 체결 이후에는 상대적으로 더욱 느슨하고 비등가적인 상호주의가 점차적으로 확대 적용되었다.

1) 동서독 기본조약 체결 이전의 교류협력 사례들

이 시기 동서독 정부는 상호 대결과 경쟁에 주력하는 가운데 1970년까지 공식적인 대화에 나서지 않았으나, 점령 시기 전승국이 마련한 제도를 기반으로 비정부 차원 또는 비공식적인 형태의

---

3) 이 장에서 언급된 동서독 관계의 주요 사건 및 자료들에 관한 자세한 내용은 다음 글 참조. (김학성 1996; 김학성 2006, pp. 41-134)

교류는 유지되었다. 서독정부는 동독정권을 인정하지 않는 데 반해, 동독정권은 1950년대 말 이후 대 서독 관계를 국제 관계로 간주하는 행태를 보이면서 서로 대립했으나, 인적·경제적 교류와 체육교류는 거의 끊임없이 지속되었다. 다만 1961년 8월 13일 동독이 베를린 장벽을 쌓은 데 대한 서독정부의 반발로 몇 개월 동안 경제교류를 비롯하여 인적 교류가 중단된 적이 있었다. 예외적으로 체육교류의 경우 1965년까지 단절되기도 했으나, 국제적 차원에서 체육 교류는 계속되었다. 특히 1956년 코르티나 동계올림픽 이후 1964년 동경 하계올림픽까지 단일 국기와 국가 아래 동서독 단일팀이 참가했다.[4]

1950년대 동서독 정부는 냉전이 가속화되는 가운데 전후 복구와 패전국의 지위를 벗어나기 위한 국가적 과제를 안고 각각 정치·사회·경제체제 건설에 몰두하며 상호 경쟁했던 탓에 상호 관계는 전략적인 성격을 강하게 띨 수밖에 없었다. 당시 동서독 관계에서 가장 첨예한 이슈는 동독 주민이 서독으로 탈출하는 것이었다. 서독은 인도적 차원에서 적극적인 수용 태도를 보인 반면, 동독은 탈출을 막을 수 있는 방안 마련에 골몰했다.

1960년대 초 베를린 장벽이 건설되었고, 곧이어 미·소 데탕트가 시작되자 동서독은 당시의 국제정치 현실 속에서 분단이 조만간 극복되기 어렵다는 것을 깨달았다.(Ludz 1974, pp. 47-49) 이후 서

---

4) 1968년 동독이 IOC에 가입할 때까지 IOC 대표권은 서독에 있었다. 이는 동서독 단일팀 구성이 가능했던 하나의 중요한 요인으로 작용했다.

독정부는 교류협력의 확대 필요성을 느끼기 시작했지만, 스스로 전면에 나서지는 않았다. 당시 동서독 사이의 교류협력이라고 말할 수 있는 것으로는 정치범 석방 거래, 동서독 교류 분야의 확대, 이산가족 및 친지의 상호방문이 대표적인 사례이다. 이를 통해 서독은 인도적 문제와 분단의 고통을 감소하려 했던 반면, 동독은 동독의 국제적 위상을 제고하는 동시에 경제적 이익을 얻고자 했다.

(1) 인적 교류 및 인도적 사안

동서독 교류의 출발점은 1945년에서 1949년까지 전승 4대국의 분할 점령시기로 거슬러 올라간다. 당시 점령당국은 규정을 제정하여 독일인들의 점령지역 간 여행을 허용하기 시작했다. 1946년 가을부터 타 점령지역으로 여행하는 모든 독일인은 "점령지역 간 여행증명서"를 발급받아야만 했으며, 소련 역시 동독지역의 주민들에게는 여행증명서를 제한적으로 발급했다. 이러한 점령지역 간 방문은 1949년 동서독 정부수립 이후에도 관행적으로 유지되었다. 서독정부는 분단에도 불구하고 양지역 주민들의 상호 방문을 적극 권장하고 활성화시키려 노력한 데 반해, 동독당국은 양독 주민들의 통행을 다양한 형태로 통제하고자 했다.

1950년대까지 동서독 인적교류는 대체로 동독 정권의 이해관계에 좌우되었다. 동독 정권은 서독 주민의 동독 방문을 제한적으로나마 허용한 반면, 동독 주민의 서독 방문은 엄격히 규제했다. 동독 정권이 동독 주민의 서독 방문을 허가하지 않은 주된 이유는 탈출 때문이었다. 정권의 통제에도 불구하고 1961년 8월 13일 베를린 장벽이 설치되기 전까지 매년 약 70만 명에서 80만 명의 동독 주민이 서독을 방문할 수 있었다.(Bundesministrium für innerdeutsche Beziehungen 1988, p. 124) 이들 중 상당수는 노동력이 없는 연금 수혜자들이었다. 동독 정권은 주민 탈출로 심각한 노동력 감소를 우려했기 때문이다. 또한 서독 주민의 동독 방문도 처음에는 친척 방문에 한해 허용되었다. 이러한 조건에서도 1957년 한 해에만 약 270만 명이 동독을 방문하자 동독 정권은 통과 사증 등 여행 제한 조치를 시행했다.

1961년 소련과 동독이 갑자기 쌓은 베를린 장벽은 분단의 고통을 상징적으로 보여주는 사건이었다. 이후 서독정부는 분단의 고통을 최소화하기 위해 비(연방)정부 차원에서 관계 개선을 모색하기 시작했다. 사민당 출신의 브란트W. Brandt 당시 서베를린 시장은 1963년 동·서 베를린 주민들의 상호방문 재개를 위한 협상을 시작했다. 단기 유효 사증을 발급해 주는 '통과사증협정Passierscheinab-kommen'이 체결되어 이산가족 만남이 몇 차례 가능해졌다. 당시 협상에 임했던 동독 정권의 의도는 서독의 동독 불인정 정책을 무효화하고, 서베를린을 서독에서 분리시키려는 것이었다.(Mahncke 1973, p. 222) 서독 연방정부도 이를 알고 있었지만 인도적 문제 해결을 위해 협정을 거부하지 않았다. 협정이 성공적으로 체결됨으로써 동독은 동베를린을 사실상 수도로 인정받았을 수 있었다. 이에 대해 서베를린 당국은 당시 서독 정부의 동독 불인정 정책을 훼손하지 않으려는 의도에서 소위 '구제조항die salvatorische Klausel'을 협정에 삽입했다. 즉 "본 협정이 어떠한 공적 기관의 표기에 관한 합의를 목적으로 하는 것이 아니라 인도적 사안의 실현에 있다"는 조항을 명기함으로써 국가 간 합의가 아니라는 점을 분명히 했다.(Gesamtdeutsches Institut 1985, p. 37) 이후에도 서독 연방정부가 동독 불인정 정책을 포기하지 않자, 동독은 구제조항을 트집 잡아 1966년 다섯 번째 협정 연장을 거부했다.

이외에도 1960년대 서독 정부가 동독 당국에 공식·비공식적으로 경제적 대가를 치르고 인도적 문제를 해결했던 몇 가지 사례가 있다. 대표적으로 동서독 당국 간 비공식적으로 이루어진 '정치범 석방거래Freikauf'를 손꼽을 수 있다. 당시 서독의 내독성 관리가 동서베를린 양측에서 활동하는 동독변호사를 통해 동독 검찰당국과 비밀리에 접촉하여 물질적 대가를 주고 동독에 수용된 정치범을 석방하는 동시에 서독으로 추방하는 사업이었다. 처음에는 현금을 지불했으나, 이후 서독 개신교단의 대 동독 지원물품으로 위장하여 현물로 지불했다. 이 사업은 1980년대까지 지속되었다.(Reh-linger 1991)

나아가 정치범 석방 거래 방식으로 서독 정부는 이산가족의 재결합, 특히 서독으로 이주하거나 추방된 동독인의 남겨진 자녀들을 서독으로 이주시키는 사업을 추진했다. 그 결과 1964년 약 2,000명, 1965년~1970년 사이에는 2,700여 명의 어린이가 서독으로 이주할 수 있었다. 명시된 물질적 대가는 없었으나, 동독 당국은 이주나 탈주로 헤어진 부모 중 어느 한 명이 동독에서 어린이를 양육하는 데 들어간 비용을 추후에 요구했다. 그 즈음에는 동서독 간

외환 거래가 불가능했기 때문에 동독 측의 요구가 실현되지 못했으나, 1969년 초 특별협상을 거쳐 서독 정부는 동독 당국에 약 5백만 DM을 양육비로 지불했다.(Rehlinger 1991, pp. 69-70) '통과사증협정'이나 어린이 이주 사업이 성사된 배경에는 각 사업에서 이루어진 직접적인 거래뿐만 아니라 민간 차원에서 시도된 서독의 대 동독 경제지원 협상이 영향을 미쳤다. 1964년 동서독 간 차관협상이 대표적인 사례이다. 물론 이 협상은 서독의 비정부기관과 동독의 정부기관 간에 이루어진 것이지만 최초로 차관 문제를 의제로 다루었다는 점에서 의미가 있다. 첫 협상은 실패했으나, 1965년 4월 서독 금융기관이 동독 회사에 대해 최초로 장기 융자를 제공함으로써 인도주의적 차원의 교류에 대한 동독 정권의 호응을 유발했다.

베를린 장벽으로 위축되었던 동서독 인적 교류는 1963년부터 풀리기 시작했다. 1960년대 중반에 이르면 동독 지역을 방문하는 서독 주민의 수는 매년 200만에 달했다. 방문자의 증가로 동독 정권은 주민들의 상호 방문에 대해 새로운 규제들을 적용하기 시작했다. 방문은 연 1회로 제한하고, 모든 방문자는 동독 마르크를 일정액 환전해야 하는 '최소의무환전' 규정을 만들었다. 이는 동독 당국의 외화벌이에 기여했던 정책으로 당시 동서독 교류에서 서독과 동독의 전략적 입장 차이가 분명하게 드러나는 사례이다. 어쨌든 1960년대 서독 정부의 노력 덕분에 인적 교류는 확대되었으나, 동서독 당국 간 제도적 합의가 뒷받침되지 못했기 때문에 여러 위험이 존재했다. 예를 들면, 동독 방문 중 서독 주민이 사고나 정치적

이유로 체포된 사례가 매년 적지 않게 발생했다.(Deutsche Bund-estag 1966)

이외에도 한 가지 특기할 것은 동독 주민의 인권문제와 관련하여 동독에서 발생한 모든 폭력 행위에 대한 자료를 서독이 공식기관을 설치하여 수집했다는 사실이다.(Sauer & Plumever 1991) 1961년 잘쯔기터Salzgitter시 검찰청에 동독 지역의 정치적 폭력 사례에 관한 중앙기록보관소die zentrale Erfassungsstelle가 설치되어 동독 내부의 인권침해가 수집·기록되었다. 이 기관의 존재에 대해 동독 당국은 거칠게 항의를 했으며, 실제로 1970년대 동서독 관계 정상화 이후 활동이 점차 축소되는 경향을 보였다. 그러나 통일이 될 때까지 활동은 지속되었다. 이 기관의 설치 및 활동은 동서독 관계에 있어서 서독 정부의 인도주의적 목표를 분명하게 보여주는 대표적인 사례이다.

(2) 동서독 경제 교류

동서독 사이에 공식적 대화가 없는 시기에도 경제적 교류는 항상 있었다. 점령 시기 동안 전승국들 사이에 합의되었던 4대 점령 지역 사이의 '점령지역간교역Interzonenhandel'이 발판이 되었다. 이러한 지역 간 교역이 이루어졌던 근거는 "점령기간 중 전 독일을 하나의 경제 단위로 간주한다"는 「포츠담 협정」의 조항에 있다. 나아가 1949년 6월 점령 당국 간에 체결된 「프랑크푸르트 협정」에서는 교역의 결제 단위, 결제 방식, 거래 방식 등 기본적 틀이 확정되었다. 이 협정의 연장선상에서 동서독은 1951년 9월 「경제 및 교역에 관한 베를린협정」을 체결했으며, 이는 동서독 교역의 제도적 기반이 되었다.

그러나 동서독 정부 수립 이후 동서독 교역에 대한 양 정부의 입장은 상이했다. 서독은 동독을 국가로 인정하지 않았기 때문에 관세법이나 대외무역법을 동서독 교역에 적용하지 않았고, 점령지역 간 교역에 관한 연합국 군정법을 근거로 '동서독 간 경제 교류 규제법'을 신설하여 적용했다. 반면에 국제적으로 국가 인정을 받기를 원했던 동독은 동서독 교역을 대외무역으로 간주했다. 이에 따라 서독의 경우 동서독 교역에 대한 허가가 연방경제성과 연방산업청 관할이었지만, 협상 대표와 실무는 정부 기관 대신 민간 기구인 상공회의소DIHT 산하 '점령지역간 교역 신탁관리사무소 Treuhandanstalt'가 맡았고, 동독의 경우 정부의 대외무역성이 직접 관장했다. 즉 동서독 간 교역에 관한 협정은 국가 간 차원이 아니라 비정부기구와 정부 사이에서 이루어지는 특이한 형태였다.(김영윤 1995 참조)

베를린 협정 이후 동서독 교역은 정치적 갈등 속에서 순탄치는 않았지만 비교적 빠르게 확대되었다. 1950년대만 하더라도 서독 정부는 동서독 교역을 통해 동독 주민들의 저항 의식을 북돋움으로써 통일을 앞당기고자 했으며, 나아가 서베를린으로 연결되는 통행로를 확보하기 위한 방안으로 간주했다. 즉 교역은 정치적 의미를 띠었으며, 그 배경에는 역사의 효율성을 믿는 서독 정부의 정책 의지가 분명하게 작용했다. 반면에 분단이 초래한 산업 구조의 불균형 상태와, 1953년까지 전쟁배상금 명목으로 지속된 소련의 경제 수탈로 경제적 어려움을 겪고 있던 동독에게 동서독 교역은 경제적으로 매우 의미 있는 수단이었다.

1960년대 초반부터 서독 내부에서 동서독 교역을 통일 실현의 정치적 수단으로 간주하는 태도에 문제가 있다는 의견들이 대두했다. 베를린 장벽을 경험하면서 스스로의 힘으로 통일은 매우 어렵다는 점을 깨달은 서독 주민들은 조만간에 실현되기 힘든 통일을 희구하기보다 분단으로 인한 민족적 고통을 감소하는 데 노력을 기울이는 것이 더욱 현실적이라고 느꼈다.(Hacker 1992, pp. 278-341)

2) 동서독기본조약 체결 이후의 교류협력 사례들

동서독 기본조약이 체결된 배경에는 단지 동서독 정부의 의지뿐만 아니라 당시 동서 진영의 긴장 완화 분위기가 주요 요인으로 작용했다. 1969년 여름 서독 최초의 수평적 정권 교체 이후 사민당의 브란트 총리는 1960년대 초 서베를린 시장 시절부터 주장해 온 동서독 간 긴장 완화를 본격적으로 실천에 옮겼다. 동서독 긴장 완화 없이 당시 유럽의 긴장 완화가 실현되기 어렵다는 사실을 확신했다. 브란트 정부는 먼저 소련과의 협상을 시작으로 동서독 관계 정상화를 추진했다. 동독 정권은 동서독 관계 정상화의 전제로 동독의 독립국가 지위를 서독이 인정해 줄 것을 강력하게 요구했다. 서독은 동독에 대한 법적 인정을 거부하는 대신 사실상 인정으로 대응했다. 동서독 사이의 협상이 평행선[5]을 달리자 소련은 적절한 선에서 동서독이 타협하여 관계 정상화가 이루어질 수 있도록 동독 정권에 압력을 가함으로써 서독의 뜻이 관철될 수 있었다. 그 대가로 동독은 서방국가들과 국교 정상화를 약속 받음으로써 국제사회로부터 국가 인정이라는 오랜 외교적 숙원을 해결했다. 동서독 관계 정상화는 1975년 헬싱키 선언과 유럽안보협력회의CSCE를 성사시킨 동서 진영 간 일련의 연속적 협상들의 첫 관문으로서 유럽 긴장 완화가 실현되는 데 중요한 기여를 했다.(Ropers & Schlotter 1989, pp. 324-325)

동서독 관계 정상화 협상의 진행 과정에서 독일 문제를 둘러싼 몇몇의 국제 협상들이 연이어 진행되었으며, 이 협상들은 선순환 효과를 발생시켰다. 예를 들면, 서독은 소련, 폴란드와 무력 포기 및 관계 정상화 조약을 체결했으며, 1971년 4대 전승국 사이에 베를린협정이 체결됨으로써 서베를린 주민의 동베를린 방문이 용이해졌다. 이러한 배경 하에 브란트 정부 출범 직후 동서독 사이의 우편 및 교통에 관한 협상이 촉진되었고, 마침내 1972년 통행조약과 기본조약이 체결될 수 있었다.

동서독 관계가 정상화되자 동독은 국제적 위상을 높일 수는 있었으나, 동서독 관계 확대가 동독 사회에 미치게 될 영향력을 우려하기 시작했다. 이에 따라 동독 정권은 서독의 영향력을 최대한 억

---

5) 1970년 3월과 5월 각각 동독의 에르푸르트와 서독의 카셀에서 개최되었던 동서독 정상회담에서 보여준 동서독의 입장 차이는 대표적인 사례이다.

제하는 것을 목표로 소위 '차단정책Abgrenzungspolitik'을 추진했다. 동독 정권의 우려는 동서독 문화 분야 협상에 대한 소극적인 태도에서 잘 드러난다. 경제나 인도적 사안과 달리 문화 교류 협력은 정치적·이념적 영향력을 내재하고 있기 때문에 동독 정권을 움츠러들게 했다. 결국 1973년에 시작된 문화 협상은 1975년 이후 결렬되었으며, 1980년대 소련의 개혁 정책이 전개되면서 비로소 다시 본격화되어 1986년 마침내 결실을 맺었다.

문화 분야뿐 아니라 동서독 관계 전반에 걸쳐 전개된 동독 당국의 차단 정책에 대해 서독 정부는 동독에 대한 다양한 방식의 경제적 인센티브로 대응했다. 동서독 교역은 물론이고 비상업적 차원의 교류 협력을 통해서도 동독은 서독으로부터 경화hard currency를 획득할 수 있었다. 예컨대 서독과의 우편 및 전화통화료, 통과도로 및 철로 사용료, 방문객의 비자신청비, 서베를린의 폐기물 처리비, 국경지역 환경보호 관련 비용 등을 비롯하여 스윙차관(청산결제에서 마이너스 통장 허용)과 심지어 1980년대 초에는 직접적 금융차관 제공 등을 통해서 동독은 서독으로부터 외화를 확보할 수 있었다. 심지어 서독은 동서독 교역에서 발생하는 물류 수송을 동독 업체에게 전담함으로써 눈에 잘 띄지 않은 이익도 보장해 주었다.

통행조약과 기본조약 체결로 서독 주민의 동독 방문 기회가 확대됨에 따라 동독 정권의 수입도 증가했다. 그러나 1970년대에는 매년 약 140만 명, 1980년대는 600만 명의 서독 주민이 동독을 여행하게 되자 동독 정권은 동독 여행에 대한 간접적 규제 조치를 마런했다. 이미 1960년대부터 도입했던 최소의무환전액을 인상함으로써 동독을 방문하는 서독 주민 수 감소를 유도하고, 동독탈출자나 정치범 석방으로 서독으로 이주한 사람들의 동독 방문 허가를 거부했다. 이에 대해 서독 정부는 동서독 교역 부문에서 스윙차관을 공여함으로써 동독의 여행 규제를 완화하려 했다. 동독 정권은 최소의무환전액을 낮추는 것은 수용했으나, 탈출자나 서독으로 추방된 정치범이 동독에 입국하는 것을 막는 일에는 어떠한 양보도 하지 않았다.

어쨌든 관계 정상화 이후 다양한 분야에서 동서독 교류협력의 활성화가 거듭되었다. 대표적인 사례로 서독 언론인의 동독 내 활동이 보장되었다. 동독 언론은 이미 1950년대부터 서독에서 활동했지만 기본 조약 체결까지 서독 언론인의 동독 내 활동은 불가능했다. 또한 상주 대표부가 각각 본Bonn과 동베를린에 설치되었고, 1974년 보건협정을 통해 동서독 주민의 상호 방문 시 의료 문제가 해결되었다. 같은 해에 체육 협정도 체결되어 침체되어 있던 체육교류가 활성화되었다. 이에 비해 문화 협정은 여전히 난항을 겪고 있었으나 출판, 공연예술 분야의 교류는 계속되었다. 1980년대에 들어와 교류 협력의 폭이 확대되면서 청소년 교류와 동서독 도시 간 자매결연 사업도 이루어졌다.

앞에서 말했듯이 동서독 관계의 개선 및 발전은 기본적으로 동서 진영 긴장 완화를 배경으로 했다. 이러한 가운데 1979년 동서 진영 긴장 완화가 중단되고 소위 '신냉전'이 발생했다. 당시 소련의 아프카니스탄 침공과 미·소의 중거리미사일INF 유럽 배치에 관한 협상이 난관에 봉착하는 바람에 다시 긴장이 고조되었다. 이러한 국제환경 변화는 동서독 관계에 악영향을 줄 가능성이 높았다. 동서독 정부는 신냉전으로 동서독 관계가 위축되는 것을 피하고자 했다. 서독은 그동안 노력해 왔던 인적 교류가 저해될 것을 우려했고, 동독은 서독으로부터 받는 경제적 이익이 줄어들 것을 우려했다. 서독의 보수 정부는 1983년~1984년 과거 어느 정부도 하지 않았던 20억 DM 규모의 경제차관을 동독에 제공했고, 동독은 '피해의 제한Schadenbegrenzung'이란 명목을 앞세워 동서독 관계가 국제정세에 의해 훼손되지 않아야 된다는 점을 강조했다. 동독의 그러한 태도에도 이유가 있었다. 동독은 1970년대 추진했던 산업정책이 실패하면서 외채 압박을 크게 받고 있었기에 서독의 경제 지원이 절대적으로 필요했던 것이다.

동서독 교역 및 경제협력이 동독에게 얼마나 중요했는지는 몇 가지 통계를 통해 확인 가능하다. 동독은 총 대외 교역에서 차지하는 동서독 교역의 비중을 평균 7~8%로 공식 발표했으나, 아래 〈표 1〉에서 보듯 실제로는 그보다 훨씬 높았다. 1980년대 후반에는 평균 약 20%에 육박했던 것으로 추정된다. 동독 붕괴 당시 약 680억 달러에 이르렀던 총 외채 규모와 경제 체제의 비효율성을 근거로 일부 경제학자들은 1980년대 초반 서독의 경제 지원이 없었다면, 동독 경제는 파산했을 것으로 추정한다.(Gumpel 1995, p. 1) 또한 추정치에 따르면, 서독 정부의 대 동독 이전 지출과 주민 방문 등으로 발생한 지출은 1980년대 매년 약 20~25억 달러에 이르렀으며, 이 돈으로 동독은 외채 이자를 충당할 수 있었다. 통일 이후 독일

연방의회 조사위원회 보고에 따르면, 1972년 기본조약 체결 이후 1989년까지 서독 정부와 민간이 동독에 제공한 경제지원(물자+현금)은 약 1,044.5억 DM로 추산된다.(통일부 2001.4.20)

〈표 1〉 동서독 교역액과 대외무역에서 동서독교역이 차지하는 비중

연도	서독반출액 (백만VE)	동독반출액 (백만VE)	총교역량 (백만VE)	동서독교역 /서독무역 (%)	동서독교역 /동독무역 (%)
1950	330	415	745	4.1	16.0
1960	960	1,122	2,082	2.1	10.3
1970	2,415	1,996	4,411	1.8	11.0
1980	5,293	5,580	10,872	2.3	8.4
1985	7,903	7,636	15,537	1.6	8.0
1989	8,104	7,205	15,309	1.4	7.8

* VE: '결제단위'를 의미하는 것으로서 동서독 교역의 청산결제를 위해 인위적으로 도입한 화폐단위. 1VE = 1DM(서독화폐)
(출처: Deutsche Institut für Wirtschaftsforschung, 1989, p. 321.)

그렇다고 동서독 교역에서 서독에는 경제적 이익이 전혀 없었다고 말할 수는 없다. 서독 경제 전반의 규모에서는 매우 미미했어도 소수 중소기업들에게 그 교역은 매우 중요한 수익원이었다. 서독의 중심 목표가 경제적 이익이 아닌 인적 교류와 정치, 사회, 문화 차원의 교류에 있었을 뿐이다. 동독 정권은 차단 정책을 추구하며 서독의 영향을 최소화하길 원했으나, 서독과 경제교류·협력에서 얻는 경제적 이익을 결코 외면할 수 없었다. 요컨대 1970년대 관계 정상화 이후 동서독 관계 전반에 걸쳐 관계 개선 및 인적 교류

증가는 동독에 대한 서독의 경제적 이익 보장을 통해서 가능했으며, 여기에는 서로 다른 가치들의 교환을 기반으로 하는 상호성이 작용했다고 해도 결코 틀린 말이 아니다.

사실 경제 분야에서 동서독 협력의 잠재성은 더욱 컸다. 교역 부문에서 동서독 당국은 교역 활성화를 위해 많은 노력을 했으나 상응한 성과를 거두지 못했다. 동서독 모두 공업국가였음에도 불구하고 상호 우위성 내지 보완성을 가지는 상품의 교역보다는 원자재, 자본재, 반제품에 교역이 집중되었기에 확장성이 부족했다. 이는 동서독 경제의 구조적 문제에 기인한다. 부분적으로는 서방 진영의 대공산권수출금지COCOM 레짐에 따른 이유이기도 하지만, 근본적으로는 동독 상품의 국제경쟁력 부족과 동서독 경제가 동서 경제블록에 각각 통합되어 있었기 때문이었다. 뿐만 아니라 직간접투자와 같은 경제 협력 역시 미진했다. 여기에는 동독 정권의 고집스러운 태도가 있었다. 서독에 경제적으로 종속되는 것을 원하지 않았던 동독 정권은 서독 기업의 대 동독 직접 투자를 거부했기 때문에 자본 투자 방식의 동서독 경제 협력은 분단 기간 내내 가능하지 못했다. 그러므로 경제 분야에서 상호주의적 교류 협력은 잠재성보다 한층 낮은 수준에 머물 수밖에 없었다.

4. 동서독 관계에서 상호주의의 특징

이상에서 보듯 분단 이후 통일에 이르기까지 동서독 사이에는 상호주의적 관계가 지속되어 왔으며, 그 적용 방식과 관련하여 몇 가지 특징을 찾을 수 있다.

첫째, 1972년 동서독 기본조약 체결 전과 후에 적용되었던 상호주의 방식에는 분명한 차이가 있었다. 기본조약 체결 이전에는 점령 시기 전승 4대국 간에 확립된 제도를 기반으로 동서독 사이 교류가 이루어졌다. 물론 당시 동서독 당국이 서로 직접 대화를 거부한 탓에 공식적인 상호주의라고 말하기 어렵지만, 민간(서독)과 정부(동독) 사이의 상호주의적 거래가 있었던 것은 부인할 수 없다. 1972년 이전의 상호주의는 몇몇 예외(정치범 석방 거래, 이산가족 재회 등)를 제외하고 대부분 특정 이슈별로 전개되었으며, 교역 분야를 제외하고 사안마다 매번 새롭게 협상하는 방식으로 이루어졌다. 특히 1950년대에는 체제 대결이 일상화되며 상호주의는 전략적 계산을 중심으로 하는 TFT 방식이 될 수밖에 없었다. 그러나 베를린 장벽 사건을 계기로 서독 사회의 분단 인식에 변화가 발생하면서 동서독 사이에 적용된 상호주의는 점점 이슈간 연계issue-link-age 방식으로 변화했다. 다만 패전국이라는 독일의 특성 탓에 안보 이슈는 기본적으로 동서독 사이의 협력 대상이 아니었다. 동서독 모두 미·소 중심의 집단 방위 구조에 종속되어 있었고, 군사적 자결권에 제약을 받았기 때문이다. 예외적으로 동서독 국경에서 자행되었던 동독국경수비대의 탈출자에 대한 총격이나 탈출 방지 지뢰 매설 같은 군사 이슈는 서독 정부에 의해 꾸준히 제기되었다. 그러나 서독 정부는 이를 안보 이슈라기보다 인도적 사안으로 간주하였고, 동독에 대한 직간접적인 경제적 인센티브를 지속하였다.

둘째, 이슈 간 연계에 중점을 두는 상호주의 방식의 변화 과정에는 특히 서독 내부의 정치사회적 갈등이 수반되었다. 이슈 간 연계에서는 적절한 교환가치의 계산이 어렵기 때문에 더욱 그러했다. 분단 직후 공산주의자들에게 축출당한 실향민이 서독 인구의 약 1/5이었던 사실을 감안하면, 교환가치의 불명확성을 안고 있는 상호주의 방식의 적용은 내부적 반발을 일으키기에 충분했다. 그러나 1961년 베를린 장벽 사건을 비롯하여 정부수립 이후 지속되었던 시민정치교육과 1970년대 초반 '탈물질주의적' 사회 문화의 확산으로 서독 사회의 분단 인식이 변화하자 그러한 갈등을 완화될 수 있었다. 물론 반공주의와 자유를 우선시했던 서독 사회가 베를린 장벽 설치를 계기로 점차 평화의 중요성을 깨닫게 되고 1970년대 들어와 마침내 분단의 평화적 관리가 불가피하다는 인식이 확산되는 과정은 결코 순탄하지는 않았다. 보수 세력은 여전히 공산주의를 불신했고, 동서독 관계 개선에도 불구하고 TFT 방식의 상호주의를 유지해야 한다는 입장을 견지했다. 그렇지만 사회 갈등이 극단으로 치닫지는 않았다. 정치적 논쟁과 갈등이 있었지만, 극단적인 사회 갈등으로 비화하지 않았던 배경에는 시민정치교육의 효과가 있었다. 서독은 정부 수립 이후 탈나치화 및 민주화를 정착시키기 위해 국가 차원의 정치 교육을 집중적으로 추진해 왔고, 이를 통해 국민들이 국제환경과 분단 상황을 현실적으로 이해할 수 있게 되었다. 베를린 장벽이라는 충격적 사건을 경험한 서독 국민들은 분단 극복이 자신들의 뜻에 의해 이루어지기 어렵다는 사실을 깨달았고, 이를 통해 분단의 평화적 관리의 현실적 필요성에 대한 사회적 공감대가 서서히 형성되었다. 이러한 분단 인식의 변화

제1부 안보의 논리와 상호주의

덕분에 서독에서는 인권 및 인도적 이슈와 경제적 이슈 사이의 연계, 즉 인도적 문제의 해결을 위해 동독에 경제적 인센티브를 지불하는 것이 정당하다는 인식이 사회적으로 용인될 수 있었다. 이와 더불어 이슈 간 연계에서 교환의 등가성 판단 기준이 단지 합리적 이익 계산이 아니라 규범적 정당성에 근거를 두게 됨으로써 상호주의의 실천 방식의 변화에 가속도가 붙을 수 있었다.

셋째, 서독 사회가 동서독 관계에서 이익 계산을 넘어 규범과 가치도 중시하는 상호주의를 수용해 가는 과정에는 암묵적으로 역사의 효율성보다는 비효율성을 인정하는 모습을 발견할 수 있다. 서독이 경제적 대가를 치르면서 인적 교류를 확대하는 등 동서독 관계 개선에 노력했던 주된 이유가 동독의 붕괴를 유도하는 통일에 있지 않고 "분단으로 인한 민족적 고통을 완화"하기 위한 평화적 관리에 있었다. 실제로 동서독 관계 정상화 이후 각 분야 교류협력에서 서독의 대 동독 경제 지원은 크게 두 가지 목표를 추구했다. 첫째는 중장기적으로 독일인들이 분단의 고통을 최소화할 수 있는 제도적 기반 마련에 동독이 동의하도록 유도하기 위한 경제 지원이다. 예컨대 동독 인프라 사용료 지불, 금융차관, 생산재 지원 등을 통해 통행·통신·통상 분야의 제도 정착을 꾀했다. 둘째로는 단기적으로 교류협력을 증진 내지 원활하게 하기 위한 걸림돌을 제거하기 위한 지원이다. 예컨대 최소의무환전금 인상과 같은 동독 정권의 여행 통제 조치를 완화하거나, 탈출자를 막기 위해 동독이 국경지대에 설치했던 자동화기를 철수시키기 위해서도 다양한 경제지원을 제공했다. 어떠한 목적이든 서독의 대 동독 경제지원은 인도적 문제의 해결 내지 통제 완화를 관철시키는데 주효했다. 그렇게 되기까지 서독은 동독과 협상을 매우 구체적으로 진행했고, 동독이 약속을 어길 수 없도록 다양한 이슈 간의 연계를 철저히 지켰다. 이렇듯 서독 정부가 추진했던 분단의 평화적 관리 정책은 의도치 않게 독일 통일의 중요한 자양분을 제공했다. 1980년대 말 동독 내부에서 평화혁명이 분출한 것은 표면적으로 소련의 개혁정책 덕분이지만, 동독 사회 내부에 동서독 교류 협력의 영향이 오랫동안 누적된 가운데 서독 체제에 대한 동독주민들의 동경이 점증한 결과가 동독 시민들의 평화적인 시위를 촉발시킨 에너지원이었던 것을 결코 간과할 수 없다. 요컨대 동서독 교류협력에서 서독 사회 저변에 자리 잡았던 역사의 비효율성에 대한 생각이 역설적으로 효율적 결과로 나타났다.

넷째, 1982년 보수정당으로 정권이 교체되었음에도 불구하고 브란트 총리가 시작했던 분단의 평화적 관리 중심의 독일 정책은 지속되었고, 1970년대 정착된 상호주의적 협력이 유지·확대될 수 있었다. 1972년 말 동서독 기본조약에 대해 보수정당인 기사당CSU이 위헌소송을 제기했던 사실을 상기하면 정책의 일관성이 유지되었다는 것은 놀라운 일이 아닐 수 없다. 1982년 콜H. Kohl 총리의 기민당 정부가 이전 사민당 정부에서도 전례를 찾을 수 없는 대 동독 현금차관을 공여했던 배경에는 신냉전이라는 국제환경 변화가 초래할 동서독 관계의 경색을 막으려는 이유가 있기는 했지만, 분단의 평화적 관리에 대한 한층 진전되고 확고해진 서독 사회의 변화가 미친 영향도 결코 무시할 수 없다. 어쨌든 브란트의 사민당 정부보다 더욱 큰 경제적 호혜를 베풀었던 콜 정부가 브란트 정부의 독일정책과 비교하여 국민들로부터 더 큰 지지를 받았다는 점은 아이러니가 아닐 수 없다. 1980년대 후반 서독정부의 대동독정책에 관한 설문조사에 따르면, 사민당 정부보다 기민당 정부에 대한 서독 주민들의 지지도 내지 만족도가 높은 것으로 나왔다.(Glaab 1999 p. 136) 이는 냉전시기 대부분의 서방국가에서 그러했듯이 국민들은 공산주의와의 협상에서 같은 양보를 하더라도 진보정부보다 보수정부를 더욱 신뢰하는 경향과 일치한다. 이는 이념적 신뢰나 의심 여부에 기인하는 것으로 해석된다.

다섯째, 동서독 관계 정상화 이후 새로운 상호주의 방식이 적용된 교류협력에 대해 동독 정권이 딜레마 상황을 경험했던 것은 분명하다. 그렇지만 이슈 간 연계를 통해 교류 협력의 제도적 발전을 수용한 것은 단지 경제적 이유 때문만은 아니었으며, 부분적으로는 동독 정권의 대내적 정통성 부재도 한 몫을 했다. 동독 정권은 정부 수립부터 소련군을 등에 업고 국가권력을 유지했기 때문에 동서독 교류가 동독 체제에 영향을 아무리 준다고 해도 소련군이 동독에 주둔하고 있는 한 체제 붕괴 위험은 없다고 판단했다. 오히려 일정 수준의 동서독 교류는 동독 주민들의 불만을 완화시키는 '통풍효과ventilation function'를 발휘함으로써 정권 유지에 기여할 수 있었던 것도 부인할 수 없다. 따라서 동독 정권은 서독의 요구를 온전히 거부하지는 않았고, 대내외 환경을 고려하여 점진적으로 수용했다.

5. 맺음말: 시사점

1970년대 초부터 동서독 교류협력에 적용되었던 상호주의적 접근 방식은 의도치 않았던 통일을 가능하게 했던 주요 요인들 중의 하나라고 말할 수 있다. 물론 그 사이의 인과성을 명확하게 입증하기가 쉽지 않다는 것도 사실이다. 어쨌든 1960년대를 기점으로 변화한 상호주의 방식이 동서독 관계에 커다란 영향을 끼쳤던 것은 분명하다. 그렇게 되었던 배경에는 동서독의 국내 환경 및 유럽 지역 질서의 변화를 포함한 여러 요인들이 복합적으로 작용했다. 이에 관한 구체적인 주요 사례들을 통해 독일에서 상호주의가 작동한 방식과 변화 과정을 소개하고 그 특징들을 요약해 보았다. 독일 분단과 한반도 분단의 차이를 감안하더라도 우리가 특히 주목할 점이 하나 있다. 상호주의 적용 방식의 변화를 이끌었던 요인들 가운데 서독 사회의 분단인식이 변화가 있었다. 과거 서독이나 현재 한국이 스스로 지역 질서나 분단 구조를 바꾸는 것은 거의 불가능하다. 과거 서독이 관계 개선에 수반하는 서독의 영향력 침투를 두려워했던 동독을 변화시키기 매우 어려워했듯 지금 북한을 대하는 남한의 입장도 매우 유사하다. 그렇다면 서독이 분단으로 인한 고통을 어떻게 스스로 해결하려 했는지 이해함으로써 오늘날 한국이 직면하고 있는 분단 문제를 해결하는 데 매우 의미 있는 시사점을 얻을 수 있을 것이다.

시사점을 모색하는 맥락에서 먼저 한 가지 질문이 제기될 수 있다. 1960년대 분단 질서의 변화와 맞물려 서독의 정치·사회문화적 변화가 동서독 관계에서 상호주의 방식의 변화를 야기했던 것과 유사한 과정이 과연 한국 사회에서도 재현될 수 있는가? 부정적인 답과 긍정적인 답이 공존한다. 부정적으로는 무엇보다 한반도는 독일과 달리 동존상잔의 전쟁을 경험한 탓에 상대방에 대한 불신의 정도가 너무 크기 때문에 용서나 화해가 쉽지 않다는 점이다. 이외에도 남한 사회의 민주화 수준이 과거 서독과 비교하여 낮으며 특히 남남갈등이 심각하다는 점, 북한은 동독과 달리 너무나 패쇄적이고 호전적이며 방어적이라는 점, 당시 다자주의를 기반으로 했던 유럽의 지역 질서와 달리 동북아는 양자주의적 기반을 하고 있기 때문에 강대국의 영향력이 더 크다는 점이 지적될 수 있다. 그렇지만 긍정적으로 볼 여지도 전혀 없지 않다. 남한 사회의 민주화 역사가 오래 되지 않았으며 참여민주주의의 확산에 따른 혼란스러움은 학습과정일 수 있다는 점, 북·미간 비핵화 협상이 안정화되고 성과를 거두게 된다면 남북관계 개선 및 발전의 동력이 되살아날 수 있다.

물론 남남갈등이 심각한 남한 사회에서 정치 문화 및 분단 인식의 변화가 조만간 촉진될 수 있을 개연성이 그리 높지 않다. 그렇다면 일단은 중장기적인 안목에서 인내력을 가지고 한국 사회의 민주적 역량을 증대하는 노력과 함께 국내외 환경 변화를 반영하는 현실적이고 실용적인 상호주의 방식에 대한 국민적 공감대를 만들어 나가는 것이 중요하다. 분단문제 해결을 위해서만이 아니라 한국인의 사회적 삶이 행복해지기 위해서 더욱 필요한 일이다. 물론 단기적으로는 향후 북한의 체제생존 전략을 충분히 감안하여 합리성을 강조하는 상호주의TFT 전략과 규범 및 제도 발전에 중점을 두는 상호주의적 접근이 모두 요구되는 것도 사실이다. 더욱이 북한이 동독의 전철을 밟지 않으려 할 것이기 때문에 우리에게는 과거 서독보다 더 큰 노력이 필요하다.

끝으로, 분단의 평화적 관리에 집중함으로써 통일을 이룩했던 독일 사례를 선망한다면, 우리는 현재의 분단 현실에서 당장 잘 할 수 있는 것, 노력하면 가능한 것, 당장은 노력해도 어려운 것 등을 분별해서 중장기적 시각으로 독일이 성과를 거두었던 상호주의 방식을 창의적으로 적용할 방안을 모색해야 한다. 역사가 항상 효율적으로 전개되지 않을 개연성을 염두에 둔다면, 서두른다고 문제 해결책을 그만큼 빨리 찾아낸다는 보장은 전혀 없다. 역사적 제도주의 논리처럼 기존 경로를 벗어나는 분기점에서 적절한 대안을 새롭게 마련할 수 있는 능력을 내부적으로 만드는 노력이 오히려 더 중요할 것이다.

참고 문헌

김영윤, 「통일전 동서독의 경제교류」, 『통일연구논총』, 4(2), 277-310쪽, 1995.

김학성, 「독일의 사례」, 임채완 외 지음, 『분단과 통합: 외국의 경험적 사례와 남북한』, 41-134쪽, 서울: 한울아카데미, 2006.

김학성, 『동·서독 인적 교류 실태 연구』, 서울: 민족통일연구원, 1996.

통일부, 「독일분단기간중 서독의 대동독 지원내역」, 『독일통일자료』, 2001.

Bundesministrium für innerdeutsche Beziehungen (1988, Dezember). *Zahlenspiegel: Bundesrepublik Deutschland/ Deutsche Demokratische Republik - Ein Vergleich* 3.rev.

Deutscher Bundestag (8. Juli 1966). Reiseverkehr in Deutschland. 5.*Wahlperiode: Drucksache* V/821.

Gesamtdeutsches Institut (1985). 13. August 1961: Seminarmaterial des Gesamtdeutschen Instituts (Bonn: Gesamtdeutsches Institut).

Glaab, Manuela (1999). *Deutschlandpolitik in der oeffentlichen Meinung* (Wiesbaden: Verlag fuer Sozialwissenschaften).

Gumpel, Werner (1995). Economic Unification Experiences of Germany and Its Implications for the Korean Peninsula. Paper prepared for *the 20th Korean-German Conference*. Coorganized by IEWS(Yonsei Univ.) & IESESE(Munich Univ.)

Hacker, Jens (1992). *Deutsche Irrtümer: Schönfärber und Helfershelfer der SED-Diktatur im Westen* (Berlin: Ullstein).

Keohane, R. O. (1989). *International Institutions and State Powers*

(Boulder: Westview Press).

Ludz, Peter C. (1974). *Deutschlands doppelte Zukunft: Bundesrepublik und DDR in der Welt von morgen* (München: Carl Hanser Verlag).

Mahncke, Dieter (1998). *Berlin im geteilten Deutschland* (München: Oldenbourg, 1973).

March, James G. & Johan P. Olsen (1998). "The Institutional Dynamics of International Political Order." *International Organization* 52(4), pp.943-969.

Müller, Harald (1994). "Internationale Beziehungen als kommunikatives Handeln: Zur Kritik der utilitaristischen Handlungstheorien." *Zeitschrift für Internationale Beziehungen* 1(1), pp. 15-44.

Rehlinger, Ludwig A. (1991). *Friekauf: die Geschäfte der DDR mit politisch Verfolgten 1961-1989* (Berlin: Ullstein1).

Risse-Kappen, Thomas (1995). "Reden ist nicht billig; Zur Debatte um Kommunikation und Rationalität." *Zeitschrift für Internationale Beziehungen* 2.(1), pp. 171-184

Ropers, Norbert & Peter Schlotter (1989). Regimeanalyse und KSZE-Prozeß. In Beate Kohler-Koch (Hrsg.), *Regime in den internationalen Beziehungen* (Baden-Baden: Nomos Verlag.), pp. 315-342.

Sauer, Heiner & Hans-Otto Plumeyer (1991). *Der Salzgitter Report* (Stuttgart: Bechtle Verlag).

Wendt, Alexander (1994). "Collective Identity Formation and the International State." *American Political Science Review* 88(2), pp. 384-396.

한반도에서
평화의 논리와 실천

TER

02

6.15 공동선언 20년: 역사적 함의와 공과

최완규(신한대학교 석좌교수, 대한민국)

경희대학교 정치학 박사. 북한대학원대학교 총장 역임. 현 신한대학교 설립자석좌교수.
주요 저서 및 논문으로『글로벌 거버넌스와 북한의 정치경제』, "북한의 체제전환 전략과 국제협력: 평가와 과제", "김대중 정부 시기 NGO 통일교육의 양극화 현상", "남북한 통일방안의 수렴가능성 연구: 연합제와 낮은 단계의 연방제" 등이 있다.

제2부 한반도에서 평화의 논리와 실천

1. 문제의식

 남북관계사에 한 획을 그은 역사적인 6.15 공동선언이 발표된 지 20년이 지났다. 시간은 늘 사람의 인물됨과 업적에 대한 평판을 변화시킨다. 김대중 대통령만큼 재임 당시보다 퇴임 이후에 훨씬 더 호의적인 평가를 받고 있는 인물도 흔치 않다. 특히 김 대통령이 정치에 몸담은 이후 줄곧 구상하고 실천해 온 햇볕정책[1]과 그 열매인 6.15 남북정상회담과 공동선언은 과거보다 지금 훨씬 더 긍정적 평가를 받으면서 재조명되고 있다. 특히 4.27 판문점, 9.19 평양 남

---

1) 햇볕정책의 공식명칭은 대북 화해협력정책이다. 그러나 김 대통령 자신은 이 명칭보다 햇볕정책sunshine policy이란 명칭을 더 선호했다. 특히 김대중 정부의 대북 정책의 상징성과 전임정부 정책과의 차별성을 강조하거나 이 정책을 적극적으로 옹호하는 사람들, 그리고 대외 홍보의 경우는 화해협력정책보다는 햇볕정책이라는 명칭을 더 적극적으로 사용했다.

북정상 회담 이후 남북평화와 번영의 새로운 한반도시대에 대한 기대와 더불어 6.15 공동선언의 역사적 의미와 그 공과에 대한 논의도 새삼 주목을 받고 있다.

물론 6.15 공동선언 이전에도 남과 북은 몇 차례 중요한 공동성명과 합의서를 내 놓은 적이 있다. 그 중에서도 가장 중요한 것이 1972년 7.4 남북공동성명과 1992년 남북기본합의서이다. 두 합의모두 대내외적 환경, 특히 국제 환경 변화에 대한 남과 북의 공동인식과 대응 차원에서 나온 것이다. 7.4 선언은 닉슨 독트린 발표에 대한 한국정부의 선제적 대응의 결과였다. 반면 기본합의서는 사회주의권의 붕괴와 급격한 변화로 위기에 직면한 북한이 방어차원에서 남한보다 적극적으로 나옴으로써 나올 수 있었다. 이와같은 사실은 7.4 성명의 내용이 주로 북한이 고수해 온 통일 담론과 훨씬 친화적이었던 반면 기본합의서는 남한의 주장이 더 많이반영된 것에서도 확인된다.

이와 달리 6.15 공동선언은 대내외적 상황 변화의 대응보다는 오랫동안 통일과 남북한 문제에 남다른 관심과 비전과 철학을 갖고 있었던 김대중 전 대통령이 집권 이후 자신의 오랜 구상을 실천하는 과정에서 나온 것이었다. 따라서 남과 북 어느 일방의 주장을담기보다는 쌍방 주장을 비교적 균형 있게 반영할 수 있었다. 물론보수 진영에서는 사실상 북한의 연방제 통일방안[2]을 수용한 것 아

2) 북한의 연방제 통일방안에 대한 자세한 논의는 최완규, "북한의 연방제 통일전략 변화 연구", 「북한조사연구」, 2006년 10월호 참조.

니냐고 비판했다. 하지만 공동선언이 나오고 20년 동안 남과 북 모두 이 공동선언을 부인하고 있지 않고 있다. 7.4 공동성명이나 기본합의서처럼 남과 북의 동상이몽의 부산물은 아니었다는 것이다.

이 연구의 목적은 이와 같은 문제의식을 토대로 6.15 공동선언의 역사적 의미와 공과를 분석하는 것이다. 이 목적을 위해서 세 가지 사항에 분석의 초점을 맞추고자 한다. 첫째, 6.15 공동선언의 모태라고 볼 수 있는 햇볕정책의 기본가정과 목표 및 주요 내용을 살펴본다. 둘째, 햇볕정책과 6.15 공동선언에 대한 남한과 북한 사회의 인식과 대응과정을 분석한다. 셋째, 6. 15 공동선언과 햇볕정책의 추진 동력을 약화시킨 원인들을 분석하고, 햇볕 정책을 계승 발전시키기 위한 조건들을 모색해 본다.

2. 햇볕정책의 특성[3]

김대중 대통령만큼 남북관계와 통일문제를 오랫동안 천착해 온 정치인도 드물다. 햇볕정책은 재야 시절 자신이 구상하고 발전시켜 온 대북한 인식과 통일론의 소산이다. 김 대통령은 세 번의 대권 도전 끝에 집권에 성공했다. 그는 적어도 북한과 통일 문제에 관한 한 준비된 대통령이었다. 집권 이후 바로 자신의 구상을 수정 보완해서 햇볕정책이라 부르는 대북 정책을 제안하고 실천했다. 따라

---

3) 햇볕정책에 대한 논의는 최완규, "대북 화해. 협력정책의 성찰적 분석," 한국정치학회. 이정복 편, 『북핵문제의 해법과 전망』 (서울: 중앙 M&B, 2003), 69-108쪽을 수정 보완한 것임.

서 햇볕정책의 기본 방향과 핵심 내용을 제대로 이해하기 위해서는 재야 시절 김대중 대통령의 구상을 살펴 볼 필요가 있다.

김대중 대통령은 야당시절부터 다른 정치인들과 달리 비교적 체계적이며 구체화된 대북 정책과 통일론을 제시했다. 명분과 이상보다는 현실을 중시하는 대북관, 통일론이었다. 김 대통령 자신도 재야 시절 "내 통일방안과 다른 것과의 차이점은 목표는 뚜렷하지만 굉장히 현실적이라는 점"[4]을 강조했다. 그때부터 북한을 타도와 갈등의 대상이 아니라 공존공영의 대상으로 보았다.

이후 김대중 대통령의 통일론은 3단계 통일론으로 좀 더 구체화되었다. 이 3단계 통일 방안에서는 완전한 통일 단계(중앙집권제 또는 세분화된 연방, 통일국가의 이념과 체제는 민주주의 시장경제, 사회복지, 도덕적 선진국, 평화주의)보다는 평화공존과 평화교류를 통한 통일의 1단계(남북연합)를 실현하는 데 가장 큰 비중을 두고 있다. 김 대통령은 노태우 정부의 한민족공동체 통일 방안과 자신의 통일 방안의 차이점으로 전자가 흡수통일을 목표로 하고 있는 데 반해 자신의 방안은 그렇지 않다는 점을 들고 있다. 3단계 통일방안 역시 궁극적으로 자유민주주의를 토대로 한 단일국가를 지향한다는 점에서 흡수통일로 볼 수 있다는 반론에 대해서는 "우리로서는 자유민주주의를 희망하고 있지만 내가 관심을 갖고 있는 것은 통일의 1단계"라고 강조했다. 그는 "어떤 체제를 선택할지는

---

4) 김대중,『공화국 연합제』(서울: 학민사 1991), 294쪽.

사람들에게 달려 있으며" "바꿀 권리도 다음 세대의 몫"[5]이라고 말했다.

이러한 문제의식과 구상을 중심으로 김대중 정부는 출범 이후 햇볕정책의 다섯 가지 기본 가정을 세웠고 이를 토대로 정책 골간을 마련했다. 우선 이 정책은 기능주의 통합이론의 발상을 전제로, 대북 봉쇄와 강압, 불개입 정책보다 북한을 따듯하게 포용하면서 교류 협력을 활성화하는 것이 남북관계를 정상화하고 한반도에서 냉전 구조를 해체시켜 사실상의 통일로 가는 최선임을 가정하고 있다.

둘째, 이 정책은 북한을 갈등과 타도의 대상이 아니라 화해와 공존공영의 대상으로 가정하고 있다. 이 과정에서 김대중 정부는 안보와 화해협력을 대립되거나 배치되는 개념으로 보지 않고 조화 내지 병행 가능한 것으로 보고 있다.

셋째, 이 정책은 북한 붕괴 가능성은 희박하며 북한의 변화는 만족스러운 수준은 아니지만 이미 시작되었다고 가정한다.

넷째, 이 정책은 김정일 위원장을 판단력과 지도력을 갖춘 인물로 평가하고 있다. 정상회담 사전 조율을 위해 평양을 방문해서 김 위원장과 네 시간 정도 만나고 돌아 온 임동원 국정원장도 그를 김일성 주석보다 훨씬 강력한 지도자이며 북한체제 내에서 유일하게 개방적이고 실용적인 인물인 동시에 남의 말을 경청할 줄 알고 신

---

5) 위의 책, 304-305쪽.

사적이고 예의 바르며 유머 감각이 있는 지도자로 파악하고 있다.[6]

다섯째, 이 정책은 암묵적으로는 궁극적으로 북한을 연착륙시키고 민주주의와 시장경제를 토대로 한 통일을 성취할 수 있다는 가정을 하고 있다. 이 정책은 현 정권의 위기 해소에 도움을 주는 것이 분명하지만 중장기적으로는 북한 체제의 변화와 남한 주도의 통일이 가능하다는 믿음을 전제로 하고 있다.

김대중 대통령은 취임 이후 이러한 가정을 기초로 현 단계에서는 실현이 어려운 단일국가 방식의 통일에 집착하지 않고 대북 화해 협력을 통한 사실상의 통일을 목표로 한 햇볕정책을 추진했다. 김 대통령은 취임사에서 이러한 목표를 달성하기 위해서 무력도발 불용, 흡수통일 배제, 화해협력의 적극 추진 등 대북 정책 3원칙을 천명했다. 그리고 정책 기조로 안보와 화해협력의 병행 추진, 평화공존과 평화교류의 우선 실현, 화해 협력을 통한 북한의 변화 여건 조성, 남북 간 상호 이익 도모, 남북한 당사자 해결 원칙하에 국제적 지지 확보, 국민적 합의에 의한 정책 추진을 설정하였다. 구체적인 정책 추진 방향은 남북기본합의서 이행, 실천, 정경분리 원칙에 입각한 남북경제협력 활성화, 이산가족 문제의 우선적 해결, 대북 식량 지원, 대북 경수로 사업의 차질 없는 추진, 한반도 평화 환경 조성 등을 제시했다.[7]

---

6) Don Oberdorfer, *The Two Koreas : A Contemporary History*, Revised and Updated (New York: Basic Books, 2001), pp. 429-430.

7) 정책 목표, 추진 기조와 방향에 대해 자세한 것은 『'98 통일백서』 (서울: 통일부, 1999), 35-45쪽 참조.

햇볕정책은 1999년 5월 5일 CNN과 위성 회견에서 보다 구체화되었다. 김대중 대통령은 이 회견에서 "한반도에서 항구적인 평화와 안정을 위해서는 좀 더 근본적이고 포괄적인 접근법을 모색해 나가야 한다"고 주장했다. 그러면서 한반도 냉전구조 해체를 위한 다섯 가지 실천과제를 제시했다.

첫째, 남북 간의 불신과 대결을 화해협력관계로 전환시켜 나간다. 둘째, 미국과 일본이 북한과의 관계를 개선하고 정상화한다. 셋째, 한반도에서 대량 살상 무기를 제거하고 군비통제를 실현한다. 넷째, 북한이 개방과 시장경제로 전환하고 책임 있는 성원으로 국제사회에 참여하며 주변국들은 북한이 그렇게 될 수 있도록 여건과 환경을 조성해 줄 필요가 있다. 다섯째, 정전체제를 평화체제로 전환하고 한반도에서의 법적 통일de jure unification에 앞서 사실상의 통일de jure unification 상황을 실현해야 한다.[8] 햇볕정책의 목표나 총론에 대해서는 국내외적으로 별다른 이론이 없었다. 김대중정부의 대북 정책 목표도 햇볕정책 목표와 크게 다르지 않았다. 그러나 이러한 목표를 실현하는 수단과 방법, 대북 인식에 있어서는 상당한 편차가 있었다. 특히 몇 가지 점에서 과거 정부와 현격하게 차별되었고, 바로 그러한 점이 햇볕정책의 특징으로 부각되었다.

---

8) 화해협력정책의 개념과 특성에 대한 구체적인 설명은 Norman D. Levin, Young-Sup Han, *The South Korean Debate over Policies toward North Korea: Issues and Implication* National Security Research Division, Rand December (2001), pp.12-21; 김근식, "김대중 정부의 햇볕정책: 평가와 전망 그리고 과제," 『한국과 국제정치』 제 18권 제 2호 (2002년 여름), 95-119쪽 참조.

첫째, 노태우 정부와 김영삼 정부에서도 현 정부의 햇볕정책과 유사한 화해협력정책을 추진해 왔으나 북한이 이에 상응하는 조치를 취하지 않고 대남 도발 행위를 하거나 또는 합의사항을 이행하지 않을 경우에는 이 정책을 중단시켰다. 그러나 김대중 정부는 잠수정 침투사건, 핵 개발 의혹 증폭, 대포동 미사일 발사 실험, 상선의 영해 침범, 두 차례의 서해 교전 같은 도발 행위, 합의사항 불이행에도 불구하고 시종일관 햇볕정책을 견지했다. 그리고 어떤 경우에는 이러한 일관성을 대북 정책의 업적으로 홍보했다.

둘째, 명분상 정경분리 원칙을 내세워 민간부문의 남북 경제교류, 협력을 적극적으로 추진했다. 과거에는 민간부문의 경제교류, 협력도 정치, 군사적 현안 문제가 있을 경우, 이를 우선적으로 고려했었다. 그러나 김대중 정부는 민간부문의 교류, 협력은 자율적 판단에 맡기고 있으며 때로는 민간부문이 오히려 정부 차원의 교류, 협력을 대행하는 성격도 띠고 있었으며 금강산 관광사업의 경우는 역으로 정부가 민간부문 역할을 대신했다.

셋째, 전임 정부에서는 남북 정부 당국자 간 대화나 관계 개선에 앞서 북미, 북일 간 대화나 관계 개선 시도에 대해 쐐기를 박거나 소극적이었다. 그러나 김대중 정부는 한반도 평화와 안정에 기여할 수만 있다면 남북 대화나 관계 개선 이전이라도 미국과 일본의 대북 대화나 관계 개선이 이루어져도 무방하다는 입장을 견지했다.

넷째, 대북 정책에 지대한 영향을 미칠 수 있는 대북 인식에 차이가 있었다. 김영삼 정부는 북한의 변화에 대해 회의적이었으며 내심 북한의 조기 붕괴를 기대하면서 이에 기초한 연착륙 정책 추진에 관심을 갖고 있었다. 이러한 인식은 당시 미국 정부도 공유하고 있었다. 이에 반해서 김대중 정부는 "북한체제는 심각한 구조적 문제점을 갖고 있지만 쉽게 붕괴될 상황은 아니다"는 인식을 갖고 있었다. 또한 "북한의 변화는 만족스럽지 못하지만 이미 시작되었다"는 판단에서 김정일을 "지도자로서 판단력과 식견을 갖추고 있는 것으로 안다"(2000년 2월 9일 김대중 대통령의 일본 TBS와의 회견)고 긍정적으로 표현하였다.

다섯째, 김대중 정부는 과거와 달리 정부의 통일 방안을 공식적으로 발표하지 않았다. 주지하듯이 노태우 정부는 '한민족공동체통일방안'을, 김영삼 정부는 '민족공동체통일방안'을 내세웠다. 이 방안은 최종적으로는 자유민주의체제로의 통일을 상정함으로써 사실상 흡수통일을 배제하지 않고 있었다. 그러나 김대중 정부는 김 대통령이 재야 시절 구상해 온 '3단계 통일방안'을 정부의 통일방안으로 공식화하지 않았다. 다만 6. 15 공동선언 2항에서 제시한 남측의 연합제는 민족공동체통일방안의 남북연합과 동일한 것이라고 규정함으로써 간접적으로 김대중 정부의 통일 방안이 전임 정부의 통일방안을 계승하고 있음을 시사했으나, 그 관계는 여전히 불명확한 점이 있었다.

3. 햇볕정책의 성과와 한계

김대중 정부의 대북 햇볕정책은 이러한 차별성과 전향적 자세에 힘입어 남북 간 화해와 신뢰 구축을 위한 발판을 마련했다. 금강산 관광사업과 개성공단사업을 비롯해서 민간부문의 교류협력을 활성화시키는 괄목할 성과를 거두었다. 그 결과 분단 이후 최초로 역사적인 남북정상회담이 성사되었으며 '6.15 공동선언'을 만들어 낼 수 있었다.

정상회담 이후 남북관계는 공동선언의 실천을 명분으로 급진전되는 듯했다. 미전향 장기수가 송환되고 이산가족 상봉이 수차례 이루어졌다. 장관급 회담을 비롯해 정부, 비정부 차원 회담이 빈번하게 열렸고 경제, 사회, 문화 교류도 활성화되었다. 남북한 화해와 신뢰 구축의 발판을 만들어 낸 것이었다.

일각에서는 통일방안의 공통성을 인정하고 있는 공동선언 2항을 근거로 이제야말로 남북이 상호 신뢰를 바탕으로 공존, 공영 관계에 돌입하고 우리 민족의 힘으로 통일을 이루어낼 수 있다는 성급한 기대까지 했다. 정상회담 덕으로 햇볕정책 추진의 운신 폭은 확대된 반면 비판론자들의 입지는 상대적으로 축소되었다. 특히 6.15 공동선언을 7.4 선언이나 남북기본합의서와 달리 김대중 대통령과 북한 최고지도인 김정일 국방위원장이 공동서명하고 발표한 것은 그 자체만으로도 역사적 사건이었다. 수령 중심의 유일 체제가 작동하는 북한 체제에서 수령이 서명한 문서를 후대 지도자가 부인하기 어렵다는 점에서 이 선언의 의미는 각별할 수밖에 없다.

그러나 햇볕정책의 정상회담 특수는 당초 기대와 달리 오래가지 못했다. 부시 행정부의 대북 강경 정책으로 남북관계는 경색국면으로 접어들었다. 그 결과 김정일 위원장의 답방 등 공동선언의 주요 합의사항이 제대로 이행되지 못했다. 그러자 그 동안 잠복해 있던 햇볕정책에 대한 국내의 찬반논쟁이 재연되었다. 통일 논의의 양극화, 즉 남남갈등이 심화되었고 햇볕정책의 입지는 좁아질 수밖에 없었다.

사실 햇볕정책은 본질적으로 단기간 내에 어떤 획기적인 성과를 거두기 어렵다. 햇볕정책의 기본 가정은 전통적 기능주의 이론과 맥을 같이 하기 때문에 장기적 정책일 수밖에 없다. 그러나 국민들은 대북 정책의 성과에 관한 한, 인내와 관용의 도가 매우 낮다. 즉각적인 성과가 나타나지 않거나 상대방이 상호주의를 수용하지 않으면 비판이 커지고 정부 정책의 운신 폭도 그만큼 좁아진다. 또한 햇볕정책의 이론적 기초가 되는 기능주의 이론은 민주주의 국가들 사이에서 평화와 통합을 가능하게 하는 것을 선제로 하고 있기 때문에 북한처럼 남한과 체제와 이념의 상용도가 매우 낮은 대상에 쉽게 적용될 수 있는지도 의문이었다.[9]

햇볕정책이 설정한 일련의 가정들은 과연 어느 정도 타당성을 갖는가? 북한의 태도 변화 여부와 상관없이 계속 햇볕을 쪼이면 결국 북한도 폐쇄의 외투를 벗고 화해, 협력의 장으로 나올 거라는 가정은 옳았는가? 남북한이 분단 이후 처음 정상회담을 개최하고 '6.15공동선언'을 발표함으로써 일단 이 가정은 타당성을 인정받은 셈이었다. 그러나 북한이 정상회담에 응한 이유가 단지 햇볕정책

---

9) 이러한 논의에 대해 자세한 것은 구영록, 『한국과 햇볕정책』(서울: 법문사, 2000), 147-177쪽 참조.

때문인지 아니면 세계화의 파고에 대한 남북한의 동시적 대응, 또는 남한으로부터 대규모 경제 지원이 필요했는지, 북미, 북일 관계 개선을 가속화시키려는 전술적 의도 때문이었는지 아직도 제대로 규명하기 어렵다.

김대중 대통령은 정상회담이 열린 지 3개월 후 뉴욕을 방문한 자리에서 한국문제 전문가들과 친지들에게 북한이 정상회담에 응한 첫 번째 이유로 절망 상태에 있는 경제를 살리기 위해서는 외부 지원이 절대 필요하므로 남한과 관계 개선을 해야 했다는 사실을 든다. 다음으로 북한이 미국과 한반도 문제를 다루면서 남한을 배제하기 어려우며 중국, 러시아 등 세계적 차원에서 화해 압력을 가했다는 사실, 북한 붕괴보다 협력과 지원을 목표로 하는 햇볕정책이 지속적으로 추진되어 온 배경을 들었다.[10]

사실 지난 반세기 동안의 남북한 관계를 되돌아보면 북한이 남한과 대화나 교류, 협력의 장으로 나온 이유는 남한 변수보다는 북한 자체 또는 주변 정세의 변화 때문인 경우가 많았다. 7.4 남북공동성명은 남한의 온건한 대북 정책의 결과가 아니라 미중 간 데탕트와 미국의 철저한 대북 봉쇄 정책 그리고 유일지도체제의 강화라는 자체 요인이 더 크게 작용했기 때문이었다. 분단 이후 처음 남북 정부 당국자가 공식 서명한 남북기본합의서도 북한이 국제적으로 고립무원의 상황을 타개해 보고자 노태우 정부의 전향적이고 공세적인 대북 정책에 호응했던 결과이다.

---

10) Don Oberdofer, op.cit., p.433.

따라서 유화 또는 설득과 보상 정책만으로 북한의 입장을 변화시키기는 어려웠다. 때로는 햇볕과 강풍을 적절히 배합하는 정책이 더 위력을 발휘할 수도 있다.[11] 물론 햇볕정책의 지속적인 추진에도 불구하고 정상회담 이후 북한이 남북 간 합의 사항을 제대로 이행하지 않았던 주된 원인은 부시 정부의 대북강경정책 때문이었다. 그러나 북한의 무리한 주장이나 요구를 유화정책appeasement policy만으로 대응한 결과로 초래된 문제는 없었는지 점검해 볼 필요가 있다. 일반적으로 유화정책은 상대방의 공세적이고 무리한 요구를 그 수준에서 대응할 수 없을 때 차선책으로 선택하는 것이다. 남한의 선의를 왜곡시켜 반응하는 경우에는 그에 상응하는 조치를 취하는 것이 오히려 북한의 태도를 빠르게 변화시킬 수 있는 것이다.

북한을 공존, 공영의 대상으로 보는 대북 인식에 오류는 없는가? 그동안 우리의 대북 정책이 많은 혼선을 빚어 온 것은 대북 인식의 혼란 때문이었다. 일반 국민들은 물론이고 정부와 언론, 북한 연구자들조차 북한을 상반된 시각으로 보는 경향이 있다. '민족 중심적 시각'으로 보면 북한은 틀림없는 우리 민족의 일원으로서 포용과 공존, 공영의 대상이다. 그러나 '국가 중심적 시각'을 중시하면 북한은 대한민국이라는 국가에 최대 위협을 가하는 갈등과 극복의 대상이다. 또한 아직도 법적 차원de jure에서 보면 북한 정권

---

11) 이러한 입장에서 햇볕정책을 비판적으로 검토하고 있는 논문으로서는 위의 글, 313-354; 정규섭, "햇볕정책을 넘어서: 논쟁과 대안을 모색," 『현대북한연구』 제 4권 2호 (2001), 267-308쪽 참조.

은 대한민국 국민과 영토 일부를 불법적으로 점유하고 있는 사실상의 반란단체이다. 이 시각으로 보면 안보와 화해, 협력을 병행시키기 어렵다. 반면에 사실상de facto 우리는 북한을 하나의 독립된 주권국가로 대우하고 있고 국제사회에서도 그렇게 인정받고 있다. 이러한 상황 인식의 이중성 때문에 한국정부와 국민들은 북한을 때로는 동반자로, 때로는 극복의 대상으로 간주해 왔다.

이러한 현상은 북한의 미래에 대한 예측과 북한의 대남 정책 노선의 불확실성 때문에 더욱 심화되기도 한다. 즉 북한의 붕괴가 임박했다고 판단될 때는 국가 중심적 대북 인식에 기초한 정책을 더 선호하는 경향이 있다. 역으로 비교적 북한 정권이 안정되었다는 판단을 하는 경우에는 민족 중심적 대북 인식에 기초한 정책을 선택한다. 또한 북한이 대남 온건 노선을 추구할 때는 민족 중심적 시각을 갖고 있는 인사들의 입지가 강화된다. 반면에 북한이 강경 노선을 견지하는 경우에는 국가 중심적 시각을 갖고 있는 인사들의 입지가 강화된다.

남한 국민들의 대북 인식도 북한의 대남 태도 여하에 따라 편차가 매우 심하다. 남북대화나 정상회담 전후 시기 국민들의 대북 화해 무드와 특사 교환을 위한 북한 대표의 '서울 불바다 발언'과 '조문파동', 잠수정 침투 사건이나 두 차례의 서해교전 시 표출되었던 대북 적개심이 이러한 현상을 잘 말해 주고 있었다.

따라서 상황이나 북한 정권과 사회를 무조건 구분하지 않고 시종일관 북한을 공존, 공영의 대상으로만 간주하는 것은 한국 사회 이념 지형의 특성상 햇볕정책의 운신 폭을 제한할 수밖에 없었다.

제2부 한반도에서 평화의 논리와 실천

특히 5년 단임의 대통령제에서 새로운 정부가 출범할 때마다 다른 이름의 대북 정책을 입안하면 정책의 연속성을 담보해 내기 어렵게 된다. 후임 정부가 계승하기보다 부정하기 쉽다.

김대중 정부는 DJP연합으로 어렵게 출범한 소수 정권이었다. 적어도 대북 정책에 관한 한 보수진영과 야당과 거버넌스 체제를 구축해 보려는 형식과 절차, 나아가 제도적 수준의 노력을 치열하게 했어야 했다. 사실 노태우 정부 이래 남한 정부의 대북 정책 기조는 화해협력정책이었다. 굳이 햇볕정책이라는 새로운 대북 정책 명칭을 강조할 필요가 없었다. 오히려 화해협력정책을 계승해서 보완 발전시키는 것이 정책의 연속성을 유지하고 추진 동력을 강화시킬 수 있는 방법이 아니었나 하는 아쉬움이 컸다. 적어도 대북 정책에 관해서는 일반 정치 영역에서 분리해서 부분 체제로 만들고 영광도 야당과 공유하는 열린 자세가 필요했다. 이런 점에서 노태우 정부의 협치 노력은 계시적 모델 내지 역할 모형이 될 수도 있었다.

1990년대 이후 한동안 북한과 관련한 지배적 담론은 북한이 언제 붕괴되는가 하는 문제였다. 동구 및 구소련의 붕괴 이후 한때 우리 사회 일각에서는 조만간 북한도 이와 유사한 경로를 답습할 것이라는 희망 섞인 관측이 있었다. 이와 같은 현상은 김일성의 돌연한 사망을 계기로 증폭되어 마치 북한이 곧 붕괴될 것처럼 말하는 사람이 많았다. 당시 한국과 미국 정부도 북한은 붕괴 직전이므로 전쟁을 동반하지 않는 조용한 붕괴를 유도할 수 있는 정책에 관심을 갖고 있었다. 북미 제네바합의도 처음에는 내심 북한이 붕괴하기를 기다리는 동안 시간 벌기 위한 것이었다. 그러나 북한은 오히려 이 기간 핵과 미사일 개발에 주력하여 대외적 협상력을 강화시켰다. 북한은 이 협상 카드를 바탕으로 당면한 위기 국면을 타개해 나가면서 체제 생존을 도모했다.

북한 조기붕괴론은 특이하고 강인한 북한 정치 체제에 대한 몰이해에서 나온 것이었다. 비록 북한이 경제 파탄으로 정권 수립 이래 최대 위기에 직면하고 있다 하더라도 지배 블록의 이완이나 민중봉기 등의 붕괴 조짐은 전혀 없었다. 북한은 아직도 완고한 폐쇄와 통제 기제, 강력한 권력 기반과 리더십, 거기에 핵과 미사일, 생화학무기 같은 공멸 위협 카드까지 보유하고 있었다.

그러나 햇볕정책에서 보았던 북한 변화에 대한 시각은 다소 논란의 여지가 있다. 적어도 햇볕정책이 지향하는 목표를 제대로 달성하기 위해서는 북한에서 체제 수준의 변화가 전제되어야 한다. 1980년대 중반 이후 북한은 정책 수준에서는 많은 변화가 있었지만 체제 수준의 변화 조짐은 없었다. 8.3 인민소비재 운동, 합영법, 합작법, 외국인 투자법 제정, 독립채산제, 신무역체계, 분조관리제 도입, 국영기업 개혁, 부분적인 시장가격제 도입, 관료들의 자본주의경제 학습, 지방으로 경제권 분산 등 일련의 제한적인 개혁, 개방 정책을 추진하여 당면한 경제난을 해소하려고 노력하고 있었지만 정치 개혁을 동반하지 않는 제한적 개혁, 개방 정책은 소기의 성과를 거두기 어려웠다.

당시 김정일을 비롯한 북한 지도부는 기존 체제와 정권을 유지하기 위해 핵과 미사일 카드를 쥐고 제한적인 개혁, 개방 정책만을 추진할 것인가, 아니면 중국과 같이 농가책임제를 도입하고 소유 형태나 가격 체계를 혁신하는 경제 개혁과 경제 관리에서 당의 간섭을 최소화하는 부분적인 정치 개혁을 단행할 것인가를 결정하는 기로에 서 있었다. 김정일의 딜레마는 이 두 가지 노선 중 어느 것을 섣불리 선택할 수 없다는 데 있었다. 전자의 노선을 고수하면 경제 위기를 타개할 수 없어서 정권 내지 국가 붕괴의 위험에 직면할 수 있으며 후자의 노선을 채택하면 구소련의 사례에서 보듯이 자칫 정권 붕괴는 물론이고 노동당 지배 체제가 와해될 수 있었다. 따라서 북한에서 체제 수준의 변화는 김정일이 정권안보에 대한 확신과 주변국들이 제도적으로 체제 생존을 담보할 때만 가능할 수 있었다.

김대중 정부의 햇볕정책은 흡수통일을 공식적으로 배제했다. 그러나 김 대통령의 3단계 통일방안은 최종 3단계에서 자유민주주의와 시장경제를 토대로 한 1민족 1국가 1체제를 상정하고 있다. 남북 관계 개선을 목표로 하고 있는 김대중 정부에서 햇볕정책은 통일의 최종 목표가 아니라 통일로 가는 과도기적 정책이었던 것이다. 즉 일정 기간 두 체제가 양립하는 과도기를 거쳐서 남북연합을 구성하고 이것을 발전시켜 연방을 구성하며 궁극적으로는 우리의 체제와 이념에 기초한 통일을 성취하겠다는 것이었다. 이러한 구상은 전임 정부의 민족공동체 통일방안의 경우와 동일했다.

그러나 대화와 협상과 같은 평화적인 방식으로 과연 민주주의와 시장경제에 기초한 통일을 이룩할 수 있을까? 평화체제는 대화나 협상을 통해 가능하다. 그러나 협상을 통한 평화통일은 권력의 본질적 특성상 있을 수 없다. 무력에 의해 점령당하지 않는 한 누가 자신의 체제와 이념을 상대방에게 양보할 수 있겠는가. 역사적으로도 체제와 이념을 달리하는 동일 민족 간에 협상을 통해 단일국가를 수립한 사례는 찾아보기 어렵다. 사실상 단일국가 형성을 목표로 하는 통일은 어느 일방이 상대방을 군사적으로 점령하거나 내부 모순에 의해 일방 또는 쌍방 모두가 붕괴되는 경우에만 가능하다고 볼 수 있다. 궁극적으로 한반도에서 통일국가는 남북 양 체제 중 우월한 어느 한 쪽이 상대방을 흡수할 수 있을 때 가능하다고 보아야 한다.

4. 햇볕정책과 6.15 공동선언에 대한 북한과 남한사회의 시선[12]

1) 북한의 인식과 평가

북한은 정권수립 이후 오랫동안 '하나의 조선론'을 명분으로 하여 남한 역대 정부를 공식적으로 인정하지 않았다. 또한 대남 정책 부문에서는 항상 정부와 재야를 비롯한 민간 영역을 분리해서 다루어 왔다. 특히 남한 정부가 정통성 위기에 직면하는 경우, 이러한 현상이 심화되곤 했다.[13] 물론 대내외적 상황 변화에 따라 남한 정

---

12) 이 부분은 최완규, "대북 화해.협력정책의 성찰적 분석" 내용을 수정 보완한 것임.

13) 이에 대한 자세한 논의는 Yung Myung Kim, "The Impact of South Korean Politics upon North Korea's Unification Policies," *Korea and World Af-*

부의 실체를 인정하여 정부 간 접촉과 대화 및 협상에 응하는 등 유연한 자세를 취하기도 했다. 1970년대의 남북대화(7.4 공동성명)와 1990년대의 남북고위급회담(남북기본합의서)이 대표적 사례이다.

이러한 북한의 인식은 남한 정부 수립 이후 처음 평화적으로 수평적 정권 교체에 성공한 김대중 정부에 대해서도 정상회담이 열리기 전 본질적인 변화가 없었다.[14] 북한은 과거 김 대통령이 야당 시절 추구해 왔던 반독재 민주화 투쟁과 통일 정책 노선에 대해 우호적인 입장을 견지해 왔다. 따라서 적어도 형식적인 수준에서는 즉각 김 대통령을 직접적인 공격의 대상으로 삼는 것은 이율배반이었다. 정부 출범 초기에는 북한도 김 대통령 개인을 직접 겨냥한 비난은 자제하였다.

그럼에도 불구하고 김대중 정부에 대한 북한의 초기 인식은 정부와 재야의 분리정책(관민분리정책)의 전형을 보여주는 것이었다. 북한은 김대중 정부가 공식 출범하기 전부터 이미 "정권교체에 기대를 거는 사람도 있지만 거기에 기대를 가질 것이 없다. 독초 뿌

---

fairs, Vol. 6 No. 2 (Summer 1987), pp. 304-330 참조.

14) 이에 대해 자세한 논의는 양호민, "한국의 화해정책에 대한 북한의 시각," 『계간 사상』 1999년 겨울호, 223-250쪽; Scott Snyder, "햇볕정책에 대한 북한의 반응과 시사점," 『통일경제』 1999년 6월호, 98-103쪽; Dae-sook Suh, "North Korean Perception of Sunshine Policy," The South-North Relations and the Dismantling of the Cold Wars Structure, An International Conference in Commemoration of the Two Years of the Kim Dae-jung Government, 2000.2.25., pp. 105-122 참조.

리에서 독초밖에 나올 것이 없다"[15]고 비판적 입장을 보였다.

북한의 비판적 입장은 새 정부 출범 이후에도 한동안 지속되었다. 그들은 「로동신문」 논평에서 실망과 우려를 가져다 준 한 달이라고 남한 정부를 부정적으로 평가하면서 "남조선에서 정책상 변화는 찾아 볼 수 없으며 이전과 달라진 것은 아무 것도 없다"[16]고 혹평했다.

특히 비료 지원과 이산가족 문제 협상을 위한 북경 차관급 회담이 결렬된 이후 북한은 김대중 정부에 대해 더욱 부정적이고 강경한 입장을 보였다. '국민의 정부가 아니다: 선행 정권의 파쇼 바통을 넘겨받은 폭압 정권'이라는 제하의 로동신문 논평을 통해서 "제반 사실은 남조선 괴뢰통치배들이 《국민의 정부》를 표방하면서 그 무슨 《민주정치》를 실시할 것처럼 떠들었지만 선행한 문민, 파쇼독재《정권》과 조금도 다를 것이 없다"[17]고 김대중 정부를 맹렬히 비난했다. 나아가 그들은 "현 정권에 기대할 것도 더 이상 지켜볼 것도 없다는 것이 명백해진 이상 남조선 노동자들이 반역 통치배들의 악정을 반대하는 투쟁에 분연히 궐기한 것은 너무도 응당하다"[18]고 주장함으로써 남한 사회의 교란과 정권타도까지 선동하기 시작했다.

사실 김 대통령 취임을 전후로 북한은 표면적으로는 국민의 정

---

15) 『연합뉴스』, 1998. 2-1999. 3, 444쪽.

16) 「로동신문」, 1998년 3월 23일.

17) 「로동신문」, 1998년 5월 23일.

18) 「로동신문」, 1998년 5월 23일.

부를 비난하고 있었지만 대북 정책에 관한 한 일단 관망하는 자세를 보였다. 그들은 "김영삼 ≪정권≫의 종말과 더불어 반북 대결 정책도 끝장내고 반북 대결을 련북 화해로 바꾸어야 한다"[19]는 희망 섞인 입장을 피력했다. 김 대통령이 취임사에서 흡수통일을 배제하고 남북 간 화해협력을 적극 추진하겠다고 천명한 이후부터 북경 회담 전까지만 해도 북한은 연북 화해를 주장하면서 햇볕정책에 대한 직접적인 비난은 자제하고 있었던 것이다.

북한은 "악명 높은 ≪문민정부≫의 종말과 더불어 새로운 통일정치가 실시되기를 기대하고 있다"[20]는 견해를 표명하면서 김대중 정부의 대북 정책을 지켜보겠다는 입장을 견지했다. '조문파동'이후 당국 간 접촉과 대화를 일체 회피해 왔던 북한은 바로 이러한 맥락에서 김대중 정부 출범 직후 차관급 회담을 수락했다. 북한은 이 회담에서 시급하게 필요한 비료를 지원 받는 동시에 김대중 정부의 햇볕정책 진의와 역량, 남한 사회의 반응을 검증해 보고자 했다. 처음 북한은 당국자 간 회담에 응해준 것 자체만으로서도 남한의 신정부에게 충분한 호의를 보여준 것으로 판단했던 것 같았다. 따라서 다른 반대급부를 제공하지 않더라도 비료 20만 톤을 지원 받을 수 있다고 예상하고 있었을 것이다.

그러나 이러한 예상은 오판이었다. 김대중 정부는 비료 지원을 조건으로 이산가족 재회라는 상호주의를 내세웠다. 비록 새 정부

---

19) 「로동신문」, 1998년 2월 19일.

20) 「로동신문」, 1998년 3월 1일.

가 적극적인 햇볕정책의 추진을 천명했다지만 조건 없는 대북 지원을 할 경우 직면할 수 있는 정치적(국내) 위험을 고려하지 않을 수 없었던 것이다. 특히 과거 오랫동안 레드 콤플렉스의 악몽에 시달려 왔으며 국내 정치적 기반이 취약했던 김 대통령으로서는 취임 초부터 보수 강경 세력에게 공격의 빌미를 줄 수가 없었을 것이다. 새로운 대북 정책과 국내 정치적 환경과의 괴리를 쉽게 좁힐 수 없었다는 것이 김 대통령의 딜레마였다. 만약 이때 국내 여론을 의식하지 않고 조건 없는 비료 지원을 했었다면 북한과의 관계는 좀 더 빠른 속도로 진전될 수도 있었을 것이다.

북경 회담 결렬 이후 북한은 관망 자세를 버리고 햇볕정책에 대해 강한 의구심을 표시하면서 비난하기 시작했다. 북한은 로동신문 론평원의 글 '북남 관계에서 상호주의는 통용될 수 없다'에서 새 정부가 "새삼스럽게 남북관계의 《새로운 틀》이니 《기본원칙》이니 하면서 당치도 않은 《상호주의 원칙》간판을 내들고 있는 것은 북남 대화의 기존성마저 짓밟아버리는" 것이라고 비판했다. "또한 《상호주의》간판을 든 남조선 당국자들의 속셈은 뻔하다. 그들의 진짜 목적은 통일문제를 해결하자는 데 있는 것이 아니라 우리 내부를 흔들어 보려는 데 있다"[21]고 강한 의구심을 표출하였다. 이후 북한은 일체의 정부 간 접촉과 대화에 관심을 보이지 않았다. 그들은 차관급회담 결렬, 8.15 통일대축전 참가 문제, 한미군사협력 강화라는 일련의 사태를 보면서 김대중 정부의 햇볕정책을 부정적으

---

21) 「로동신문」, 1998년 5월 23일.

로 평가했다.

　한동안 햇볕정책을 외면해 왔던 북한은 김대중 정부의 정식 출범을 계기로 이중적 입장을 보이기 시작했다. 외견상 햇볕정책을 비판하면서도 이 정책이 주는 혜택은 선별적으로 수용했다. 북한은 김대중 정부의 정경분리 원칙을 십분 활용함으로써 큰 정치적 부담 없이 경제적 이익을 얻을 수 있는 여지가 있었기 때문이다. 사실 김대중 정부는 잠수정 침투사건, 무장간첩선 침투, 인공위성 발사 사건, 서해 교전 등으로 국내 여론이 좋지 않음에도 불구하고 시종 일관 햇볕정책 노선을 견지했다. 북한으로서 이것은 별다른 장애 없이 관민 분리 정책을 추진할 수 있는 호기였던 것이다. 실제 그들은 잠수정 사건에도 불구하고 현대와 금강산개발 협상을 타결함으로써 막대한 현금 유동성을 확보할 수 있었다.

　그러나 일관된 햇볕정책 추진에도 불구하고 북한의 도발 행동이 계속되고 금강산 관광 사업 말고는 구체적인 정책적 성과를 얻지 못하자 국내의 비난 여론이 비등해졌다. 사실 대북 정책은 사안의 성격상 바로 성과를 낼 수 있는 것이 아니다. 그러나 과거 사례에서 보듯 국민들은 기다려 주지 않는다. 김대중 정부는 국민들을 설득하고 햇볕정책을 견지하기 위해서 이율배반적 입장을 보였다. 즉 "북한이 햇볕정책을 두려워한다", "알고 보면 겁나는 정책", "북한의 틈새를 파고들기 위한 전략", "햇볕은 따뜻하게 감싸기도 하지만 음지 구석구석에 있는 약한 균들을 죽이는 것" 같이 북한의 해석대로 햇볕정책이 공존공영 정책이 아니라 흡수통일 정책으로 오해할 수 있는 신중치 못한 언술 태도를 보여주기도 했다.

사실 김대중 정부의 햇볕정책이 지향하는 목표는 출범 이후 한동안 모호했다. 즉 이 정책의 궁극적 목표가 강풍 대신에 햇볕을 이용하여 북한 체제의 변화를 유도하는 이른바 화평연변和平演變에 있는지, 아니면 북한 체제의 생존을 확실하게 보장하는 이른바 평화공존에 있는지 불분명했다. 이러한 현상은 햇볕정책의 단기적 목표(평화공존)와 장기적 목표(북한의 개혁, 개방을 통한 한국 중심의 통일)의 착근과 정책 목표에 관한 대내용 설명과 대북용 설득의 모순에서 기인한 것이라고 할 수 있다.[22]

북한은 이와 같은 남한 당국자들의 태도에, 금창리 핵 의혹 사건 해소로 미국과 협상 분위기가 호전되는 것을 계기로 햇볕정책에 더욱 더 비판적인 입장을 보였다. 비난 횟수가 잦아지고 수위도 높아졌으며 비난의 주체도 다양해졌다. 내용에서는 더 큰 변화가 있었다. 초기에는 햇볕정책의 의도 분석에 초점을 맞추었다면 1999년 6월 이후에는 햇볕정책이 남북한 대결과 전쟁만 초래한다는 사실, 즉 부정적 결과를 집중적으로 부각시켰던 것이다.

북한은 로동신문 론평원의 글 '남조선 당국의 ≪포용정책≫을 해부한다'에서 햇볕정책을 집중 분석, 비판했다. 포용의 의미, ≪포용정책≫의 허상과 실상, 우리 민족의 선택 등 세 주제로 된 이 글에서 북한은 이전과 달리 김 대통령을 직접 겨냥, "상업학교에서 배운 것이 주산이며", "장사 속에는 좀 밝을지 모르나 따스함이나 너

---

22) 신지호, "북한의 대외 관계와 경제 전략: 전환기의 상호 작용," 『현대북한연구』, 2권 2호, (1999년), 219쪽.

그리움과는 애당초 담을 쌓고 있는 속물"이라고 비난하고 있다. 나아가 "≪포용정책≫의 실상은 한마디로 남조선의 썩어 빠진 반인민적 식민제도를 우리 공화국 북반부까지 연장하겠다"는 것이며 "≪포용정책≫이 가져다 줄 것이란 오로지 민족 재부財富의 끝없는 소모로 이어지는 대결과 자비 없는 전쟁과 비극적인 영구 분열뿐일 것"이라고 혹평하였다. 북한은 "진실한 의미의 포용정책을 쓰겠으면 남조선에서나 똑바로 쓰는 것이 좋다면서" 국가보안법 폐지, 미국으로부터 자주권 확보와 미군 철수, 통일의 3대 원칙에 입각한 연방제 방식의 통일 실현을 강조하였다.[23]

이러한 북한의 입장은 정상회담 전까지 계속되었다. 그들은 로동신문, 평양방송, 중앙통신, 외무성 성명, 외무상의 유엔 총회 연설을 통해서 햇볕정책은 반민족적 반통일적인 흡수통일 음모로 규정하면서 남북관계를 개선하기 위해서는 연북 화해 정책이 필요함을 계속 강조하였다.

그렇다면 북한은 왜 한동안 햇볕정책을 거부하였는가? 역대 정부에 비해 훨씬 전향적인 대북 정책을 추진하고 있음에도 불구하고 김대중 정부의 햇볕정책은 왜 북한으로부터 한동안 외면 당해 왔는가? 과거 노태우 정부는 사실상 북한을 포위해 나가는 '북방정책'을 추진하면서도 남북고위급회담을 개최하고 기본합의서를 이끌어 냈었다. 김대중 정부는 노태우 정부보다 더 호의적인 정책을 추진해 왔다. 그러나 정상회담 이전까지만 해도 가시적인 성과가

---

23) 「로동신문」, 1999년 6월 4일.

적었다. 여기에는 몇 가지 중요한 이유가 있다.

우선 김대중 정부 출범을 전후한 시기에는 북한이 대남 전략 목표를 남한 정부 당국과의 화해와 교류협력을 추구하는 데 두고 있지 않았다. 북한 대남 정책의 최대 목표는 통일전선 형성을 통한 남조선혁명역량을 강화시켜 북한 주도로 통일을 성취하는 것이다. 최소 목표는 남한의 공세로부터 체제를 방어하고 내부결속을 강화하는 것이다. 최대 목표 달성은 북한 자체의 혁명역량 약화와 과거 남한 통일전선 동원 대상 상당수가 체제 세력으로 흡수됨으로써 불가능하게 되었다. 최소 목표라도 달성을 위해서 그들은 당분간 남한 당국과의 접촉을 최소화하는 것이 유리하다고 판단했다.

둘째, 북한은 정권수립 이래 최대 위기에 직면하면서부터 체제 생존의 확실한 틀을 확보하기 위해서는 미국과의 협상과 관계 개선이 가장 중요하다는 점을 잘 인식하고 있었다. 이러한 상황에서 북한은 이른바 통미배남通美排南전략을 구사했다. 역대 남한 정부 당국은 북미 관계가 남북 관계보다 앞서 진전되는 것을 극구 반대하면서 남북한 직접 채널 확보를 중시했었다. 그러나 김대중 정부는 오히려 남북 관계와 상관없이 북미 관계의 진전을 권장하고 있었다. 북한과 미국, 북한과 일본 관계 개선이 순조로울수록 남북 관계(당국자 간 관계)는 소원해질 개연성이 크다.

셋째, 북한은 한동안 햇볕정책을 흡수통일의 모략, 책동으로 인식하고 있었다. 주지하듯이 햇볕정책은 북한의 개혁개방과 변화(체제)를 전제로 추진되었다. 김대중 정부는 일관된 햇볕정책을 추진하면 이러한 변화가 가능하고, 나아가 사실상의 통일을 통해 한반도 냉전 구조를 해체시킬 수 있다고 가정하고 있다. 그러나 북한은 남한의 햇볕을 쬐고 사회주의 외투를 벗을 생각이 추호도 없었던 것 같았다. 그들은 사회주의 옷을 벗는 것은 몰락과 붕괴를 자초하는 일이라 믿고 있었다.

설사 북한이 햇볕정책이 남한 정부가 강조하는 바와 같이 흡수통일 책동이 아니라고 확신하고 있다고 해도 결과는 동일할 것이었다. 그들은 남한과의 활발한 교류협력 자체가 현재로서는 북한체제 위기를 초래할 수 있기 때문이었다. 북한의 입장에서 볼 때, 북한 경제가 남한에 의존한다는 것은 결국 체제 붕괴를 의미하는 것이었다. 북한은 핵을 비롯한 미사일, 생화학 무기 개발, 개발 위협만이 확실하게 생존을 담보해 줄 유일한 협상 카드라고 생각하고 있는 것 같았다.

넷째, 북한은 정부당국자 간 교류협력이 없어도 비록 제한된 것이긴 하지만, 남한 민간영역에서 경제협력을 받을 수 있을 거라 판단하고 있었다. 현대의 금강산 관광 자금 유입이 그 전형이었다. 그들은 김대중 정부가 대북 정책 업적으로 내세워 온 일관성 유지와 정책성과에 조급해하는 상황, 그리고 대북 문제에 대한 김 대통령이 최고 전문가라는 고정된 이미지의 부담을 역이용하고 있었다. 북한은 김 대통령은 바로 이 때문에 국내 정치적 부담에도 불구하고 정경분리 원칙을 쉽게 포기하지 못한다고 믿었을 것이다.

다섯째, 북한은 햇볕정책이 중·장기적으로 지속될 수 있다는 확신을 갖고 있지 않았다. 사실 당시 햇볕정책은 초당적 지지를 받고 있다고 단정할 수 없었다. 과거 사례에서 보듯 남한의 역대 정부는 전임 정부의 대북 정책 노선을 승계하기보다는 새로운 정책 수립을 선호하는 경향이 있었다. 설사 김대중 정부가 정권 재창출에 성공한다고 해도 김 대통령이 퇴임하는 경우, 후임 대통령이 직전 대통령의 정책 노선을 답습할 거라는 확실한 보장이 없었다.

만약 2003년 차기 정부가 엄격한 상호주의 원칙을 적용해서 선택적 햇볕정책 노선을 선택하거나 나아가 햇볕정책 자체를 용도 폐기하거나 한국과 미국의 대북 정책 이해관계가 현저하게 달라지는 경우, 북한은 마치 '닭 쫓던 개 지붕 쳐다보는 식'의 난처한 상황에 직면하게 될 수도 있었다. 이러한 점에서 김대중 정부가 대북 정책의 일관성을 아무리 강조해도 북한이 이것을 그대로 수용하는 것은 구조적으로 한계가 있을 수밖에 없었다.

북한이 정상회담에 응한 것은 화해협력 정책에 대한 이러한 인식과 대응 방법을 완전히 바꿨다는 것을 의미했는가? 정부 설명에 의하면 "북한도 김일성 주석 생존 시 정상회담에 합의한 바 있어 지금이 긴장과 대결의 남북관계를 화해협력의 관계로 전환시켜 나아가야 할 때라고 인식"[24]하고 있었다. 특히 정상회담 개최는 "민간 차원의 협력을 사회간접자본 건설, 제도적 장치 마련 등 당국 차원의 협력으로 확대함으로써 남북 관계의 획기적인 발전을 도모하겠다는 베를린선언에 대해 북한 측이 그 취지를 이해하고 호응해 온 것"[25]이라는 점을 강조했다. 결국 정상회담을 할 수 있었던 것은

---

24) 통일부 통일정책실, 『통일속보』, 제 2000-3호, 2000년 4월 10일.

25) 위의 글.

정부가 인내심을 갖고 햇볕정책을 일관성 있게 추진했기 때문이라는 것이다.

그렇다면 북한은 왜 남한의 정상회담 제의에 호응했는가? 정부의 설명대로 햇볕정책을 긍정적으로 수용했기 때문에 회담에 응한 것인가? 아니면 햇볕정책에 대한 근본적인 인식의 전환이 없는데도 불구하고 회담에 응할 만한 다른 특별한 이유라도 있었을까? 북한의 의도를 정확하게 파악하기는 어렵다. 그러나 정상회담 한 번 했다고 해서 북한이 종래 한국 우회 전략을 포기하고 남북 관계 개선을 우선하는 방향으로 전략을 수정했다고 볼 수는 없다. 북한은 여전히 남북한 교류협력이 빠르게 진전되면 남한 의존도가 높아져 흡수당할 수도 있다는 경계심을 늦추지 않고 있었다. 북한으로서는 가능한 한 남한으로부터 경화나 현물(식량 비료 전력 등)만을 제공받으면서 미국, 일본, 유럽 국가들과 관계를 개선하고 국제금융기구 등을 통해 경제를 재건하고 싶어 했다.

그런데 문제는 북한의 핵과 미사일 문제가 해결되지 않으면 이들 국가, 기구와 본격적인 관계 개선을 할 수 없다는 데 있었다. 북한으로서는 체제 생존을 제도적으로 확실하게 보장받지 않는 한 결코 핵과 미사일 개발을 포기하지 않을 것이다. 이것이 북한이 직면한 딜레마이다. 결국 핵무기와 미사일 문제를 해결하여 국제 협조와 남북 협력을 실현하지 않는 한 경제 재건도, 한반도 정세 안정화도 불가능하다는 결론에 이르게 된다.

그러나 국제적 고립과 경제적 부진으로 위기에 처한 북한 지도부가 냉전의 심리적 후유증, 즉 과도한 타인 불신과 투쟁 심리를 극복하고 정말로 핵, 미사일 개발을 포기할 수 있는가는 여전히 불투명하다.[26] 따라서 관련 당사국들이 북한과의 관계를 개선하여 본격적으로 경제재건 사업을 지원하고 북한 체제 생존을 제도적으로 확실하게 보장해 주는 것만이 북한으로 하여금 핵과 미사일 개발 카드를 포기하게 하는 유일한 방법이다.

그렇다면 북한은 이러한 조건이 성숙되지 않았는데도 불구하고 왜 정상회담에 합의했는가?[27] 우선 생각할 수 있는 것은 북한이 그동안의 경험을 통해 햇볕정책이 지향하는 목표가 적어도 단기적으로는 흡수통일이 아닐 수도 있다고 판단했거나 변화의 햇볕을 차단할 여유를 찾았다는 점이다. 김대중 정부 출범 초기에는 관련 인사들의 신중하지 못한 언술과 3단계 통일방안으로 인하여 햇볕정책이 흡수통일 정책인지 평화공존 정책인지 경계가 모호했다. 그러나 정책 추진 과정에서 김 대통령은 자신의 임기 중에 가능한 것은 평화공존 질서 정책임을 분명히 하고, 북한의 핵과 미사일 개발, 수출 포기와 미일 관계 정상화 및 식량지원, 경제제재 완화 등과 교환하는 일괄 타결package deal방안을 제시함으로써 흡수통일 의혹을 불식시켰다. 또한 김정일을 "지도자로서 판단력과 식견을 갖추고 있는 것으로 안다"(2000년 2월 9일 일본 TBS와의 회견)고 우호적으로 평가함으로써 회담 성사 분위기를 조성했다.

---

26) 신지호, 앞의 글, 225-226쪽.

27) 북한이 정상회담 개최에 합의한 배경에 대한 논의는 박건영, "남북정상회담과 대북포용정책의 미래", 전인영, "남북정상회담과 북한의 전략," 경남대 극동문제연구소 주최 19차 통일전략포럼 발표논문, 2000년 5월 9일, 참조.

제2부 한반도에서 평화의 논리와 실천

두 번째 요인으로 북한이 지금까지의 북미, 북일 관계 개선 과정 경험과 페리 프로세스로 남북 관계 개선을 병행하지 않고는 충분한 협상력을 확보하기 어렵다는 사실을 인식하고 있었다. 사실 북한의 기대와 달리 한미일은 그 동안 탄탄한 정책 공조를 유지해 왔다. 북한은 미일과의 교섭 과정에서 남북한 관계 개선이라는 카드가 이들 국가들로부터 보다 많은 것을 양보 받을 수 있다고 판단한 것 같았다. 어떤 의미에서 정상회담은 이들 국가와의 관계 개선을 위한 징검다리일 수 있었다.

세 번째 요인은 더 이상 햇볕정책을 외면할 경우, 한국과 미국 내에서 이 정책의 입지가 좁아질 수 있다는 감지하고 있었다는 점이다. 4.13 총선 결과는 지금과 같은 햇볕정책이 지속되기 어려울 수 있다는 암시를 주었다. 미국은 대선을 앞두고 대북 강경 노선을 견지하고 있는 공화당이 민주당을 공격하기 위해 클린턴 행정부의 대북 정책을 비판하였다. 북한으로서는 김대중 정부의 대북 정책 운신의 폭을 넓혀 주고 미 공화당에게 공격의 빌미를 주지 않음으로써 기존 정책을 굳히기 위해서 정상회담에 동의했었을 것이다.

끝으로 북한은 1999년 이후 다시 예산을 편성하고 인민경제계획법을 제정하는 등 경제 회생에 대한 의지와 희망을 갖게 되었으며, 그만큼 체제 유지에 대한 자신감도 생기고 있는 것 같았다. 이러한 상황에서 한국을 비롯한 서방국가들로부터 본격적인 경제 지원을 받기 위해서 정상회담 카드를 활용할 필요가 있었을 것이다. 사실 북한에게 본격적인 경제 협력과 지원을 해 줄 수 있는 나라는 남한이며 서방 국가들의 대북 투자원도 남한의 태도를 주시하고 있었다. 북한으로서는 지금까지 남한 민간부문으로부터 제한적인 경제 협력과 지원을 받아 왔다. 그러나 경제 재건을 위해서는 사회간접자본 건설과 같은 대규모 지원이 필요하고, 이것은 정부 차원이 아니면 불가능하다는 사실을 인지했던 것이다.

이러한 일련 요인들로 북한은 정상회담을 받아들였다. 그러나 이것이 남북 관계 정상화로 이어지는 것은 아니었다. 위에서 언급한 바와 같이 아직 남북 관계 개선을 촉발할 수 있는 대내외적 조건에는 본질적 변화가 없었기 때문이었다. 사실 정상회담 이후에도 북한은 햇볕정책에 대한 인식을 근본적으로 교정하지 않고 있었다. 특히 부시 행정부의 대북 강경 정책 때문에 햇볕정책이 민족공조보다는 외세공조(한미공조)에 치우치는 것이 아닌가하는 의구심을 갖고 있었다. 예컨대 북한은 공동선언을 "우리 민족끼리 힘을 합쳐 조국통일문제를 자주적으로 풀어나갈 것을 내외에 선포한 역사적 문건"으로 규정하면서 "외세와의 공조는 침략자들을 우리 민족 내부에 끼어 들이는 매국행위이며 6.15 공동선언의 기본정신을 부정하는 민족배신행위"라고 비난하면서 미국에 대한 김대중 정부의 태도를 못마땅하게 여겼다. 또한 베를린선언과 공동선언에서 천명한 경제 협력과 지원에 대한 약속이 제대로 이행되지 않고 있다는 점도 햇볕정책의 신뢰도를 떨어트리고 있었다.

그러나 북한은 적어도 6.15 공동선언에 대해서는 선언 당시는 물론이고 김정은 위원장 시대에 와서도 남북 관계의 성격과 미래를 규정하는 중요한 문서로 인식하고 있다. 남북 관계의 새로운 패러다임을 제시했다고 평가받고 있는 4.27 판문점 선언에서도 6.15

는 "6.15를 비롯하여 남과 북에 다 같이 의의가 있는 날들"로 평가하고 있다. 따라서 남한에서 보수 정권이든 진보 정권이든 상관없이 시종일관 6.15 공동선언의 기본정신을 이행하라 촉구하고 있다.

특히 북한은 6.15 공동선언 2항의 통일조항에 대해서 남한과 다른 해석을 하고 있다.[28] 그들은 계속 연합-낮은 단계의 연방제의 공통성을 1국가의 틀에서 설명하고 있다. 북한에 의하면 "연합 연방제가 고려연방제를 포기하고 남한의 연합제를 수용한 것이라는 주장이나 고려연방제를 국가연합 통일방안과 기능주의적으로 절충한 것이라는 견해는 잘못된 이해"다. 낮은 단계의 연방제는 높은 단계의 고려연방제로 가기 위한 것으로서 고려연방제 통일방안에 포함되었기 때문이라는 것이다.[29]

북한은 공동선언 2항에서 언급한 남한 측의 연합제는 민족공동체 통일방안의 2단계인 남북연합보다는 김대중 대통령이 재야 시절 제안(1991년 4월)한 공화국연합제 통일방안의 공화국연합으로 간주하고 있다. 물론 북한도 3단계 통일론의 1단계인 남북연합이 2

---

28) 이에 대해 자세한 것은 장석, 『김정일장군 조국통일론연구』 (평양: 평양출판사, 2002) 참조.

29) 장석, 앞의 책, 385쪽: 북한은 "형태상으로 본 낮은 단계의 련방제는 남북의 량 정부에 현존 권한과 기능을 그대로 부여하고 있는 까닭에 1민족 2국가 2체제 2독립정부의 남북련합 내지 〈공화국련합제〉와도 맥을 같이 하는 것으로 보인다. 이 점을 두고 혹자는 낮은 단계의 련방제가 모순 위에 서 있다고 생각할지 모르겠지만 실상은 낮은 단계의 련방제가 그러한 내용과 형식을 갖고 있기에 잠정적 조치로서 현실적 의미를 갖는 것이고 설득력과 효율성을 지니는 것이며 거기에서 통일방안으로서의 독창성이 발견되는 것이다"라고 설명한다. 위의 책, 389-390쪽.

국가 체제임을 인정하고 있다. 그런데 북한이 3단계 통일론에 관심을 갖고 있는 것은 공화국연합제의 1연합과의 비교 때문이다. 북한에 의하면 남북연합의 핵심은 "1련합기구의 구성"이다. 북한은 1연합기구의 구성상 특성을 근거로 "낮은 단계의 련방제와 련합제의 공통성은 기본적으로 1국가 2지방정부에 있고 차이점은 낮은 단계의 련방제가 1국가 2체제의 고려련방제의 틀에서 규정된 반면 련합제의 통일국가에 대한 관심은 1국가 1체제 즉 단일체제하의 련방제의 틀"[30]이라고 주장했다. 북한은 공화국연합제가 "북의 인민공화국과 남의 대한민국 두 공화국이 모여서 하나의 련합을 이루는 것이고 북남은 통일해야 할 같은 민족이기 때문에 서로 영원히 갈라서서 살게 되는 독립국가로 취급될 수 있는 국가련합 명칭은 피하고자 하기 때문"이라고 한 지적을 근거로 연합제와 낮은 단계의 연방제가 "서로 접근할 수 있는 공통분모"를 밝혀 주고 있다고 설명

---

30) 위의 책, 392-393쪽: 북한은 차이점에 대해서는 다음과 같이 설명한다. "남북련합은 1련합이 구축하기 이전 단계와 1련합이 구축된 이후 단계 등 두 단계로 구분지어 보아야 하는데 1련합이 수립이전 단계에서는 2체제 2독립정부가 유지되나 1련합이 수립된 이후 단계로 넘어가면 〈〈북조선의 시장경제로의 체제전환〉〉을 전제로 1체제 2 지방정부로 되어 련방단계로 넘어 간다." 그들은 두 안의 공통점과 차이점을 다음과 같이 정리하고 있다. 공통점으로서는 1. 지역정부에 기본권한을 준다. 2. 민족공동기구를 창설하며 민족공동기구는 같은 수의 쌍방 대표로 구성된다. 3. 민족공동기구는 남북관계를 조정하는 기능을 수행한다. 4. 높은 련방제를 지향한다. 차이점으로서는 1. 낮은 단계의 련방제는 협의기구를 구성하며 련합제는 국가기구로 창설한다. 2. 낮은 단계의 련방제에서 지방정부는 지역자치정부로 규정되지만 련합제에서는 독립정부로 규정되며 국가로 인정할 때도 있다. 3. 낮은 단계의 련방제가 이루어지면 초보적인 통일로 되나 련합제는 이를 과도적 통일로 간주한다. 위의 책, 394쪽.

제2부 한반도에서 평화의 논리와 실천

한다. 또한 1단계 공화국연합제에서 "남북 쌍방이 유엔에는 새로 형성된 련합 이름으로 단독 가입하게 하고 외교, 국방, 내정은 남북의 두 정부가 완전하게 장악하게 하고 있는 점"이 낮은 단계의 연방제와 유사하다고 주장하였다. 요컨대 북한은 두 방안의 공통성은 1민족 1국가 2정부라는 사실에 있음을 강조하였던 것이다.

김대중 정부가 공식적으로 부인했음에도 불구하고 북한이 2항의 연합제가 민족공통체 통일방안의 남북연합이 아니라 김대중 대통령이 재야 시절에 제시한 공화국연합임을 강조하는 것은 남한의 연합제가 1국가를 의미하거나 최소한 1국가를 지향하는 점을 부각시키기 위한 것이었다. 북한의 이러한 무리한 주장은 김대중 정부에 공식적으로 수용되지 않았다. 김대중 정부는 2항의 연합제는 민족공동체통일방안의 남북연합임을 명확하게 밝혔다. 사실 북한은 통일문제를 항상 1국가의 틀에서 다루어 왔다. 하지만 남한은 통일문제가 민족문제라는 점에서 1국가의 틀을 명시적으로 부인하지 않지만 실제로는 2국가의 틀에서 다루어 왔다. 김 대통령이 공화국연방제를 언급할 때 제시한 유엔가입 문제를 북한이 공화국연합제 통일방안의 1단계인 연합단계에 적용하려고 하는 것은 매우 자의적 해석일 수밖에 없다.

2) 남한사회의 인식과 평가

햇볕정책에 대한 남한 사회의 인식은 '남남갈등'이라는 용어가 시사하듯 양극화되어 있었다. 정상회담 이후 이러한 현상은 더욱 심화되었다.[31] 심지어 사회 일각에서는 햇볕정책 지지=친 DJ=민족 우선주의 시각=친 북한 및 적극적 통일론=반미, 자주=진보진영의 등식을 햇볕정책 반대=반DJ=국가, 안보우선주의 시각=반북한, 반민족, 반통일론=친미 사대주의=보수로 단순 등식화하는 경향까지 나타나게 되었다.

김대중 정부 출범이전에도 남한 사회의 통일 및 대북 정책에 대한 논의는 양극 구도를 형성하고 있었다. 그런데 그때는 정부 여당이 국가안보 우선주의 시각(보수적 정책)을 우선시하면서 북한의 대남 전략을 적화통일로 간주하고 북한의 변화 가능성을 낮게 보고 있었다. 반면에 재야나 청년, 학생 세력과 일부 야당이 민족 우선주의적 시각(진보적 정책)을 중시하면서 북한의 변화 가능성을 보다 긍정적으로 보면서 대남 전략도 혁명 전략에서 현상유지 내지 동등의 전략으로 변화되고 있는 것으로 보고 있었다.

그런데 정부 여당의 시각이 재야의 시각을 압도하는 비대칭 양극구도였기 때문에 대북 인식을 둘러싼 별다른 혼란은 없었다. 그런데 김대중 정부가 출범한 이후에는 통일 및 대북 정책에 대한 양

---

31) 햇볕정책과 남남갈등 문제에 대한 심층적 분석은 김도종, "햇볕정책과 국내정치적 역학,"『국가전략』제 6권 1호 (2000); 김형준. 김도종, "남북관계와 국내정치의 갈등구조: 통일담론을 중심으로,"『국제정치논총』제 40집 4호 (2000); 남궁영, "대북 정책의 국내정치적 갈등: 쟁점과 과제,"『국가전략』제 7권 4호 (2001년 겨울); 정규섭, "햇볕정책을 넘어서"; Doh-Jong Kim, "Ideological Cleavages and the Politics of National Reunification in South Korea," Prepared for Presentation at the International Conference on "The Korean Peninsular after the Summit: Two Years of Developments and Future Prospects," Organized by IFES, Seoul, Korea, 2002.05.23-24. 등을 참조.

극구도의 성격과 세력 판도가 변화되었다. 즉 과거와 달리 정부 여당이 민족우선주의적 시각에 입각한 대북 정책을 추진하고 있고 오히려 야당이 국가, 안보우선주의적 시각에서 정부의 정책을 비판하는 입장으로 뒤바뀌는 현상이 나타난 것이다. 세력 판도 또한 과거와 달리 두 시각이 팽팽하게 맞서거나(대칭적) 오히려 야당의 시각이 여당의 시각보다 우월한 경우도 있다. 바로 이 와중에서 대다수 국민들이 대북 인식상의 혼란을 겪게 됨으로써 정부는 햇볕 정책의 주도권을 장악하지 못하게 되었다.

사실 다원주의 사회에서 대북 정책에 대한 논의가 다양화되는 것은 자연스러운 일이며 국민적 합의에 기초한 대북 정책을 수립하기 위해서도 정부와 입장을 달리하는 정책논의는 활성화될 필요가 있다. 그러나 그동안 남한 사회에서 대북 정책을 두고 일어나고 있는 양극화 현상은 국민적 합의를 이루어내기 위한 과정에서 야기된 것보다는 대부분 정치 게임 내지 체제 및 이념논쟁 차원에서 일어난 것이다.[32] 이러한 현상은 민주화를 상징하는 김영삼, 김대중 정부 출범이후에도 다소 약화되기는 했으나 지속되고 있었다. 민주화의 진전과 더불어 민주화와 통일운동의 연계에 대한 명분이 약화되었음에도 불구하고 통일 및 대북 정책 논의가 여전히 양극화되고 있는 것은 아직도 집권 세력이나 비집권 정치 세력 모두가 통일문제를 정치 게임의 차원에서 다루고 있었기 때문이다. 이처

---

32) 이러한 논의에 대해 자세한 것은 최완규, "전환기 남북한의 국내정치와 통일게임,"『한국과 국제정치』제 11권 2호 (1995), 1-33쪽 참조.

럼 통일 논의가 양극화되고 정치세력 간의 세력 싸움의 소재가 됨으로써 정부 정책 추진의 운신 폭은 그만큼 협소해질 수밖에 없었다.

앞에서 잠깐 언급한 바와 같이 김대중 정부의 햇볕정책에 대한 평가도 양극화 현상의 전형을 보여 주고 있다. 여야, 학자들, NGO, 언론, 때로는 지역조차도 햇볕정책을 적극적으로 지지하거나 옹호하는 그룹과 적극적으로 반대하면서 비판하는 그룹으로 분리되어 대립하고 있었다. 햇볕정책을 지지, 옹호하는 그룹은 현재의 대내외적 환경에서 햇볕정책 이외의 대북 정책 대안은 없다는 입장을 견지하고 있고 있었으며, 이 정책이 상당한 업적을 거두었다고 평가하고 있었다. 예컨대 문정인은 "햇볕정책은 김대중 대통령의 신념이자 철학이며, 그 이상 다른 어떤 대안도 존재하지 않는다. 햇볕정책은 파국적 결말을 피해가면서 한반도에 평화와 안정을 보장해 줄 수 있는 유일한 방안"[33]이라고 강조하였다.

백학순은 햇볕정책의 업적으로서 첫째 한반도의 긴장완화로 IMF 경제 위기를 비교적 쉽게 극복한 점, 둘째 햇볕정책의 3대 원칙의 고수로 국가안보체제를 강화시킨 점, 셋째 남북한 사이 화해와 협력 및 평화공존 시대를 열게 한 점, 넷째 정상회담을 통해서 21세기 새로운 동북아 지역 질서 형성에 적극적으로 참여함으로써 각자의 이익 확보를 위해 공동의 노력을 하기로 한 점, 다섯째 6.15

---

33) 문정인, "김대중 정부의 햇볕정책 2년: 이상과 현실," 『평화논총』 제 4권 1호 (2000), 59쪽.

공동선언을 통해서 평화통일의 기초를 다져놓았다는 점, 여섯째 남한 사회 내에 북한과의 화해와 협력 추구 세력을 확대 강화시킬 수 있었다는 점을 들었다.[34]

햇볕정책에 대한 긍정적 평가는 남북정상회담과 6.15 공동선언 직후에 절정에 이르렀다. 그동안 이 정책에 비판적이었던 야당과 보수 성향의 일부 언론과 학자들도 정상회담의 역사적 의의에 대해서는 이의를 제기하지 못했다. 특히 한나라당은 당내의 보수와 진보 성향의 의원들 간에 정상회담과 공동선언의 평가를 둘러싼 갈등이 증폭되기도 했었다. 햇볕정책을 적극적으로 옹호하고 있는 이종석은 정상회담의 의의는 "남북의 지도자는 현재의 양자관계를 규정하는 적대적 대결 상태를 종식하고 평화공존의 새로운 패러다임으로 전환하기로 합의"[35]한 데 있다고 지적했다. 또한 정상회담의 성과로 1) 역사상 처음으로 남북한 지도부가 서로 인간적인 신뢰 구조를 쌓으려는 구체적인 노력을 보인 점, 2) 남북한 최고 지도자가 얼굴을 맞대고 남북 간에 거론될 수 있는 문제들을 거의 논의

---

34) Haksoon Paik, "Assessment of the Sunshine Policy: A Korean Perspective," International Conference on The Korean Peninsula after the Summit, IFES, Seoul, Korea, 2002.5.23-24., pp. 18-23; 정부는 햇볕정책의 추진성과로서 1) 전쟁 및 도발방지, 2) 군사적 긴장완화와 평화정착, 3) 남북정상회담 개최와 남북대화 지속, 4) 남북경제공동체 건설 기반 조성, 5) 인적, 물적 교류 증대, 6) 이산가족문제 해결의 전기 마련, 7) 인도적 차원의 대북 지원 실시, 8) 북한의 변화 등을 들고 있다. 통일부, "남북관계 현황과 대북 정책 추진 방향," 2002년 3월, 5-14쪽.

35) 이종석, "남북정상회담의 성과와 향후 과제," 세종연구소(편), 『정상회담 이후 남북관계 개선전략』(성남: 세종연구소, 2000), 6-11쪽.

하였다는 점, 3) 남북의 최고 지도자가 직접 합의하고 서명한 최초의 문서인 공동선언에 합의한 점을 들고 있다. 아울러 공동선언의 특징을 1) 인식 공유가 어느 정도 이루어진 용어들의 사용, 2) 통일 방안의 공통성 인정, 3) 평화문제에 대해서는 상당한 인식 공유를 이루어 냈지만 공동선언에 명기된 것은 원칙과 방향 정도에 그친 것, 4) 대북 포용정책의 당면 과제들이 대부분 실천사항으로 명기한 것으로 규정하고 있다.

서동만은 "정상회담 전체를 관통하는 정신은 다름 아닌 상호 체제의 인정"이라고 주장하면서 자주통일의 원칙은 7.4 공동성명의 자주통일의 원칙과 달리 주한 미군 주둔에 대해서 합의는 아니라도 일정한 이해가 성립했음을 의미하는 것이라고 해석했다. 또한 그는 통일 방안의 공통성 인정은 주한미군 문제가 통일 논의에 직접적인 장애는 되지 않음을 양해한 것으로 보고 있었다.[36]

김근식은 통일 방안의 공통성 인정은 "사실상의 통일 방식에 남과 북이 현실적으로 동의했음을 의미하는 것"이며 이것은 "체제 인정과 공존공영의 단계를 통해 통일을 지향하는 방식"[37]에 합의했다는 점에서 역사적 의미가 있다고 평가하였다.

이처럼 햇볕정책과 정상회담의 성과를 긍정적으로 평가하고 있는 사람들은 이 정책의 한계를 정책 자체보다는 정책 환경 즉, 대내

---

36) 서동만, "남북정상회담과 국제협력," 위의 책, 23-24쪽.

37) 김근식, "연합제와 연방제의 공통성 인정: 통일접근 방식과 평화공존에 합의," 『아태평화포럼』 제 55호 (2000년 7월), 5-7쪽.

제2부 한반도에서 평화의 논리와 실천

외적인 구조적 제약 요인, 특히 지역주의와 반개혁적인 수구세력의 저항에서 찾고 있었다. 예컨대 백학순은 햇볕정책 추진의 구조적 제약요인으로 1) 소수 개혁정부의 한계, 2) IMF 사태로 인한 경제적 어려움 증대, 3) 냉전적 세계관과 이념 갈등, 4) 지역 균열 구조, 5) 햇볕정책을 희생양으로 한 보수언론의 안보 상업주의, 6) 부시 행정부의 대북 강경 노선 등을 들었다.[38]

햇볕정책을 비판적으로 평가하고 있는 그룹은 이 정책의 목표가 아니라 정책의 대상인 북한을 보는 시각(대북 인식) 및 정책 추진의 방식과 자세, 6.15 공동선언의 1항과 2항에 대한 해석에 있어서 현저한 차이를 보이고 있다. 또한 이 정책의 추진 환경보다는 정책 자체가 안고 있는 문제점에 주목하고 있었다.

우선 햇볕정책을 비판하고 있는 사람들은 김대중 정부가 북한의 변화를 지나치게 낙관적으로 보고 있다고 지적했다. 남만권은 북한에 개인 독재와 수령절대주의 체제가 존재하는 한 우리의 평화공존 요구를 절대 허용하지 않을 것이라는 대북 인식이 타당한 명제라고 주장했다.[39] 사실 앞서 지적한 바와 같이 햇볕정책은 북한에서 체제 수준의 변화는 아니더라도 적어도 기존 대남 전략 정도는 변화되거나 변화될 가능성이 있어야 적실성이 있다. 그런데 비판논자들은 대체로 이러한 변화 가능성을 적게 보고 있었다.

---

38) Haksoon Paik, op.cit., pp. 4-16.

39) 남만권, "대북 정책의 기본 가정에 대한 논증적 고찰," 『국방정책연구』 통권 제 45호 (1999), 33-34쪽.

이정복은 "북한의 대남 적대정책에는 변함이 없고 북한에 대한 지원은 북한의 대남 적대능력을 강화시킬 위험이 있고 북한의 핵과 미사일은 그것이 충분히 개발된다면 한국을 이 무기의 불모로 잡아들 위험이 있고 북한의 대남 적대정책에 변화가 없이는 한반도에서 냉전체제의 해체가 오히려 위험하다는 지적이 신문 칼럼에 종종 나오고 있다"[40]고 북한 불변론을 강조하고 있었다. 김연수에 의하면 불변론자들은 "북한은 대남 혁명 전략을 변경하지 않고 있으며 나아가 북한 체제가 지속되는 한 그러한 혁명노선은 변경될 수 없다"[41]고 주장했다. 따라서 불변론자들은 북한의 연방제 통일방안도 통일전선과 인민민주주의 혁명전략의 일환으로 파악하고 있었다.[42]

---

40) 이정복, "대북 햇볕정책의 문제점과 극복방향," 『한국정치연구』 제 8. 9 합병호 (1999), 321쪽.

41) 김연수, "대북 '햇볕전략'의 역사성에 대한 소고: 탈냉전의 한반도적 의미를 중심으로," 『북한조사연구』 제 3권 2호 (2000), 211-213쪽.

42) 예컨대 황장엽 전 북한 노동당 비서는 "연방제통일방안은 본질상 체제경쟁에서 승리하기 위한 통일전선전략을 구현한 전술적 방안"으로 규정하고 있다. 그는 자신의 주장을 입증하기 위해서 연방제통일방안과 관련한 김일성의 발언을 다음과 같이 소개하고 있다.
(1) 연방제는 통일전선전략을 실현하기 위한 전술적 방안이다. 연방제를 실시하여 북과 남이 자유롭게 내왕하면서 지기 제도와 자시 사상을 선전하게 되면 공화국은 하나의 사상으로 통일된 국가이기 때문에 조금도 영향을 받을 것이 없다.
(2) 그러나 남조선은 사상적으로 분열된 자유주의나라이기 때문에 우리가 남조선에서 사회주의제도의 우월성과 주체사상 선전을 대대적으로 하면 적어도 남조선 주민의 절반을 쟁취할 수 있다. 지금 인구비례로 보면 남조선은 우리의 두 배이다.

햇볕정책에 대한 또 하나의 비판론은 대북 지원 방식이었다. 햇볕론자들은 비등가성, 비동시성 비대칭적 상호주의, 즉 탄력적 상호주의를 강조했다. 그러나 비판론자들은 햇볕정책은 북한에 일방적으로 퍼주기만 하고 받는 것은 없다고 주장했다. 이들은 김대중 정부의 대북 지원은 비등가성이나 비대칭적 지원이 아니고 전적으로 일방적 시혜이며 시점을 달리 주고받는 비동시성 지원이 아니고 시간이 꽤 지나도록 북한의 상응조치는 제대로 취해진 것이 없다고 보았다.[43] 비판론자들은 일방적 퍼주기보다는 엄격한 상호주의 원칙이 적용되어야 화해협력 정책이 성공할 수 있다고 강조했다.

햇볕정책 비판은 정상회담의 산물인 6.15 공동선언의 내용 중 1항(자주통일의 문제)과 2항(통일방안의 공통점 인정)의 해석을 둘러싸고 고조되었다. 정규섭은 북한은 제 1항 '민족단합, 자주통일'을 명분으로 필요에 따라 외세 배격과 주한미군 철수를 주장할 수 있으며, 이를 통해 남한의 국론분열 및 한미 공조의 약화를 야기할 수도 있고, 공동선언에서 평화문제를 제외한 것은 평화에 관한 한 북한은 미국과의 평화협정 체결을 목표로 설정하고 있다고 주장했

---

(3) 그러나 연방제를 실시하여 우리가 남조선주민의 절반을 쟁취하는 날에는 공화국의 1과 쟁취한 남조선주민의 1을 합하여 우리 편이 2가 되고 남조선이 1로 된다 이렇게 되면 총선거를 해도 우리가 이기게 되고 전쟁을 해도 우리가 이기게 된다. 황장엽 "자유민주주의의 승리를 위하여 독재와 민주주의는 양립할 수 없다," 「월간조선」 2000년 12월호, 193쪽.

43) 남궁영, 앞의 글, 87쪽.

다.[44)]

정용석은 낮은 단계의 연방제는 높은 단계의 연방제를 전제로 한 것이고 높은 단계의 연방제란 1민족 2국가 2제도인 연합제와는 달리 1민족 1국가 2제도인 만큼 기본적으로 대한민국이 주권국가로서 더 이상 존재하지 않는 상황을 만들어낼 수 있기 때문에 위험스럽다고[45)] 경고했다.

비판론자들은 공동선언 1항(남과 북은 나라의 통일문제를 그 주인인 우리 민족끼리 힘을 합쳐 자주적으로 해결해 나가기로 하였다)에 대해 7.4 공동성명의 자주원칙과 동일시하여 주한미군 철수와 연결되는 개념으로 보고 있었다. 이들은 북한이 공동선언을 "우리 민족 자신의 힘에 대한 확신이며 외세의 간섭에 대한 민족의 엄숙한 경고"이며 "북남 공동선언의 정신을 존중한다면 응당 공조를 해도 동족과 해야 하며 접촉과 대화의 대상인 동족을 적으로 간주하고 통일애국단체를 리적단체로 모는 일을 하지 말아야 한다"[46)]고 규정한 것을 들어 공동선언의 자주통일 조항은 7.4 성명의 재판이라고 비판했다. 한편 2항(남과 북은 나라의 통일을 위한 남측의 연합제안과 북측의 낮은 단계의 연방제 안이 서로 공통성이 있다고 인정하고 앞으로 이 방향에서 통일을 지향시켜 나가기로 하였

44) 정규섭, 앞의 글, 286쪽.

45) 정용석, "김대중은 과연 자유통일을 지향하나," 「월간 조선」 2001년 8월호, 261쪽.

46) 「로동신문」, 2001년 5월 29일.

다)에 대해 공통성은 매우 형식적인데 반해 차이점은 근본적이라고 지적했다.[47] 공통성을 강조하는 측은 2항의 합의는 "남측이 북의 연방제 안에 접근한 것이라기보다 북측이 현실적 통일 경로로서 국가연합 안을 이해하기 시작한 것으로서 이는 남북이 급격한 국가적 통합을 이루는 것이 아니라 체제 인정과 평화 공존 단계를 통해 통일을 지향한다는 것으로써 통일 방안이 아닌 통일 접근 방식에 합의했음을 뜻한다"[48]고 보았다.

그러나 비판론자들은 연합제는 2개의 한국을, 낮은 단계의 연방제는 하나의 조선을 의미한다고 본다. 이들은 하나의 조선인가 2개의 한국인가의 문제를 남북한 관계의 핵심 쟁점으로 파악했다. 만약 남측이 북측의 1국가 논리를 수용하게 되면 통일문제는 남북한의 문제가 되고 주한미군의 지위와 성격도 조정될 수밖에 없다는 것이다. 반대로 2개의 한국이 되면 주한미군에 대해 북한이 간섭하는 것은 일종의 내정 간섭이 된다는 사실을 이들은 강조했다.

5. 6.15 공동선언의 역사적 의미와 공과

햇볕정책은 클린턴 행정부의 대북 포용 정책 지원에 힘입어 남

---

47) 이에 대해 자세한 논의는 Wan-kyu Choi, "Where are Inter-Korean Relations Going," Paper delivered at the International Conference on Modern Korean Politics, Asian Security Studies, Duke University, 2002.2.4. 참조.

48) 김근식, "정상회담 이후 남북관계: 평가와 전망," 『평화논총』제 5권 1호 (2001년 봄/여름호), 40쪽.

북정상회담을 열고 6.15 공동선언을 발표하는 큰 성과를 거두었다. 그 결과 정부와 민간 차원의 대북 경제 교류 협력 사업을 본격 추진할 수 있는 대외적 여건도 조성되었다. 조선인민군 총정치국장 조명록은 미국을 방문하여 클린턴 대통령을 면담하고 북미 공동 콤뮤니케를 발표하기까지 했다. 이 콤뮤니케에서 양국은 정전협정을 평화보장 체제로 바꾸어 한국전쟁을 종식시키자는 데 인식을 같이했다. 이어 올브라이트 국무장관도 평양을 방문하여 김정일 위원장을 만났다. 북미 간 오랜 적대 관계가 해소되고 관계 개선의 청신호가 울리고 있었다.

　그러나 유감스럽게도 임기 말 클린턴 대통령은 북미 관계 개선을 마무리할 수 있는 여력이 없었다. 더욱이 햇볕정책에 부정적이었던 공화당의 부시 후보가 대통령에 당선됨으로써 클린턴 행정부가 추진했던 포용정책은 사실상 폐기되었다. 햇볕정책과 그 소산인 6.15 공동선언은 국내 보수 세력의 퍼주기 공세(낙인찍기), 후임 노무현 정부의 대북 송금 특검 실시, 그리고 부시 행정부의 계속되는 비협조로 벼랑으로 내몰리고 있었다. 따라서 햇볕정책의 추진 동력인 북한에 대한 본격적인 경제교류와 지원, 다양한 분야에서의 교류협력 사업도 좌초될 운명에 놓이게 되었다. 북한도 이러한 상황에서 김대중 정부와 더 이상 거래하지 않으려고 했다. 이 여파로 노무현 정부 출범 이후 한동안 남북관계는 동면상태였다. 이로써 사실상 햇볕정책은 가사상태에 빠지고 말았다.

　그렇다면 과연 햇볕정책은 부시 행정부와 국내 보수 진영의 말대로 정책 자체의 결함이 많아 실패했는가? 아니면 정책을 추진하는 데 필요한 국내외 여건이 제대로 조성되지 못해서 좌초되었는가? 결론부터 말하면 정책 자체의 결함도 있었지만 그보다는 정책을 추진할 수 있는 국내외 여건 조성을 제대로 하지 못한 탓이 더 크다. 대내적 여건 조성 실패는 김대중 정부가 자초한 부분도 있었다. 그러나 대외적 여건은 불가항력적 측면이 컸다.

보수진영은 대외적 환경의 어려움은 외면하면서 주로 햇볕정책의 대북지원과 교류협력 사업을 일방적인 '퍼주기'로 비판하였다. 그들은 김대중 정부가 햇볕정책의 성공을 위해 조건 없이 퍼주었다고 주장했다. 그랬더니 불량 정권인 북한이 평화는커녕 핵과 미사일 개발, 대남도발 등 악의로 되돌려 주었다고 공격하였다. 이러한 공세적 퍼주기 담론은 보수진영을 결집시키는 정치적 기제로서는 일정한 효과를 거두었다.

이와 같은 보수진영의 주장은 과연 어느 정도 적실성이 있었는가? 노무현 정부를 이은 이명박 정부와 박근혜 정부는 퍼주기의 피해를 강조하면서 엄격한 상호주의에 입각한 강경한 대북 정책으로 선회했다. 그러나 남북관계는 더 정체되고 북한의 나쁜 행위(그들이 주장해 온)는 교정되지 못했다. 북한의 핵과 미사일능력은 점점 더 고도화되어 갔고 남북 간의 긴장은 고조되고 도발도 늘어났다.

사실 햇볕정책이던 강풍정책이던 그 적실성 여부를 분석하고 평가하기 위해서는 정책 추진을 위한 조건들이 어느 기간 동안 지속되고 어느 정도 동원했는가를 고려해야 한다. 햇볕정책의 수단인 경제 지원과 교류협력 사업은 미국이 주도하는 국제적 압박과 제재로 인해서 남한은 물론이고 국제사회로부터도 외면당했다. 지속 시간도 실패를 예단하기에는 너무 짧았다. 이러한 사실은 강풍 정책의 적실성 여부 평가에 있어서도 동일하게 적용될 수 있다. 어느 정도 기간 동안 압박과 제재를 가해야 북한의 나쁜 행동을 교정할 수 있는지, 강압과 제재를 위한 국제 공조는 어느 수준으로 이루어져야 하는지가 불분명한 것이다. 보수정권에서도 자신들의 강풍 정책이 중국의 비협조로 제대로 작동하지 않는다는 불만을 표명한 적이 있었다. 결국 햇볕정책의 사례와 유사한 경험을 인정한 셈이다.

그렇다면 결국 두 가지 상반되는 정책 중 그래도 남북 간의 신뢰를 구축하고 한반도의 평화와 번영을 위해서 어느 정책이 더 적실성을 갖는가? 이근이 적절하게 지적한 바와 같이 그 해답은 어느 정책이 좀 더 평화적이고 북한과 남한 모두 최소한의 부작용을 문제를 해결할 수 있는 정책인가를 고르는 데 있다.[49] 즉 갈등과 대결, 전쟁 위험을 최소화하는 정책을 선택할 필요가 있다. 북한으로 하여금 핵과 미사일 개발보다 북한의 체제 안전 담보와 경제발전을 할 수 있는 대안을 경험적으로 보여주면서 설득할 수 있는 수단은 무엇인가? 아무래도 그 수단은 강제보다는 평화적인 방식의 설득과 보상을 중시하는 정책에서 찾을 수 있는 게 아니겠는가?

이러한 주장의 타당성은 촛불의 힘으로 출범한 문재인 정부의 평화 번영 정책에 의해서 어느 정도 입증되었다. 남북한의 정상은

---

49) 이근, "남북관계와 미국의 동북아정책: 이론적 검토 및 실천적 제안," 『역사비평』 88호 (2009), 52-79쪽 참조.

제2부 한반도에서 평화의 논리와 실천

판문점과 평양 공동선언을 통해서 한반도 평화체제의 틀 속에서 북한의 핵문제를 해결하자는 원칙에 동의했다. 그것은 일정 부분 햇볕정책과 6.15 공동선언의 부활을 의미하는 것이다. 특히 6.15 공동선언 2항의 통일방안의 공통성을 인정한 것은 판문점 선언에서 한층 진일보한 측면이 있다. 남과 북은 판문점 선언에서 6.15 선언과 10.4 선언의 의미를 재확인했다. 그리고 당국 및 민간부문의 협의를 긴밀히 하고 보장하기 위해서 개성이라는 한 장소에 남북공동연락사무소를 두기로 합의했다. 이것은 드디어 남북한이 6.15 공동선언 2항의 정신 즉 연합적 발상을 구체화하는 계기를 만들어 낸 것이다.

이처럼 남북한이 통일방안의 수렴 가능성을 처음으로 열어 놓았다는 점에서 6.15 공동선언은 앞으로 남북 간의 통일 논의 과정에서 매우 중요한 역사적 의미를 갖는다. 최근 통합 관련 논의에서도 양자 관계를 단절적으로 엄격하게 구분하고 있지 않다. 엘라자르Daniel J. Elazar의 지적처럼 분석을 위한 개념적 구분이 아니라면 연합과 연방은 국가 간 상호관계가 하나의 연속선상에 있는along a continuum 두 가지 상호 교호적인 존재양식인 것으로 파악할 수 있다.[50] 양길현은 엘라자르와 같이 연합과 연방을 연속선상에 있는 국가 간 관계 양식으로 본다면 2000년 6월 남과 북이 합의한 연합과 낮은 단계의 연방은 바로 이러한 연속선상에서 보다 더 가까이

---

50) Daniel J. Elazar, *Constitutionalizing Globalization: The Postmodern Revival of Confederal Arrangements* (New York: Rowman & Littlefield Publishers. Inc., 1998), pp. 9-11.

존재하는 것으로 파악한 것이 아닌가 하는 해석이 가능하다고 주장하였다.[51] 매우 적절한 지적이다.

사실 이 시점에서 평화적인 방법으로 단일 국민국가 방식의 통일을 성취하는 것은 불가능하다. 평화통일은 당위적 목표이자 정치적 수사이지 실현 가능한 목표는 아니다. 최장집의 지적처럼 "바람직한 통일은 남북한 체제를 빨리 해체하는 것이 아니라, 반대로 독립적인 두 국가 체제를 상호 인정하고 각 체제가 더 자주적이고 강한 생존력을 갖도록 발전시키는 것이 필수적"[52]이다. 그런 점에서 6.15 공동선언 2항은 단일국가 방식의 비현실적 평화통일 논의를 실현 가능한 현실의 영역으로 끌어내는 데 일정 부분 성공했다.

이제부터는 이러한 논의와 합의를 바탕으로 통일은 반드시 단일국민국가로의 통일이 아니더라도 가능하다는 인식을 확산시켜

---

51) 양길현, "신남북시대의 평화공영과 연합제-낮은 단계의 연방제," 『국가전략』 제 7권 4호 (2001년 겨울호), 69쪽. 양 교수는 엘라자르와 리스터(Frederick K. Lister, *The European Union, the United Nations, and the Revival of Confederal Governance* (Westport: Greenwood Press, 1996))의 소론을 원용하여 남과 북이 합의한 연합-낮은 연방 통일방식은 일차적으로는 평화와 공영을 함께 추구한다는 국가주권의 기능 확대라는 측면을 띠면서 동시에 이러한 연합-낮은 연방을 통해 점차 남과 북의 국가주권 존재양식이 변화하고 나아가 주권의 재배치를 통해 남과 북 사이에 새로운 형태의 국가체제가 등장할 가능성을 제시함으로서 세기적 전환을 시도하는 것으로 볼 수 있다고 강조한다. 즉 연합-낮은 연방은 당장 하나의 통일된 단일민족국가로 나아간다는 국가중심적 사고에서 벗어나 일차적으로 연합-낮은 연방을 통해 국가의 역할 변화와 성격 변화를 동시에 추구해 나감으로써 통일문제에 실사구시로 접근한다는 민족사회중심적 생존전략이라는 것이다. 위의 글, 55-67쪽.

52) 최장집, "한국통일의 조건 : 통일의 조건과 전망," 『열린 지성』 창간호 (1997년 여름), 157쪽.

야 한다. 그리하여 민족경제공동체 내지 국가연합 정도를 수립하는 것으로 통일목표를 축소시켜야 한다. 즉 남북한이 별 문제없이 합의할 수 있는 공동이익가능영역joint interest possibility, 남북 모두에게 이익이 되고 양쪽 사회에서 큰 무리 없이 수용될 수 있는 윈셋win-set을 보다 많이 만들어 내는 것을 통일 목표로 설정함으로써 북한의 흡수통일 의혹을 해소시켜야 할 것이다.

김대중 정부의 햇볕정책은 문재인 정부 출범 이후 재평가를 받고 있다. 또한 문재인 정부의 대북 정책에 대해서도 두 가지 매우 중요한 역사적 교훈을 남겼다. 우선 아무리 남북한 당사자가 화해하고 교류협력을 활성화해도 미국을 비롯한 관련 당사국이 협조하지 않으면 관계 진전이 어렵다는 것이다. 특히 대북, 대남 정책이 이들의 대한반도 정책의 종속변수가 되어 버리면 한반도 평화와 통일 문제는 근본적으로 해결하기 어렵다는 사실을 인식하게 되었다. 때로는 이 틀에서 벗어 날 수 있는 발상의 전환이 필요하다. 하노이회담 결렬 이후 남북관계가 급속하게 정체되고 있는 현실이 이 사실을 잘 말해 주고 있다.

또 다른 역사적 교훈은 대북 및 통일정책 논의의 양극화 현상을 극복해야 한다는 것이다. 물론 이 분야는 일정 부분 체제 내지 이념 논쟁의 성격을 갖고 있기 때문에 여야와 보수, 진보 진영 간의 대결과 갈등은 자연스러운 일이다. 그러나 적어도 정책을 입안하고 추진하는 과정에서는 절차와 형식, 나아가 제도 수준의 거버넌스 공간을 만들 필요가 있다.[53] 대체적으로 대북 정책에 관한 한 집권세력은 거버넌스를 외면하고 영광을 독점해 왔다. 그 결과는 곧바로 정책 추진동력과 연속성의 상실로 이어져 왔다. 북한도 연속성이 보장되지 않는 남한의 대북 정책을 신뢰하기 어렵다.

역사적으로 모든 뛰어난 업적은 현실로 변하기 전까지는 단지 비전에 지나지 않는다. 위대한 업적은 지도자와 국민이 불가피한 것을 그냥 받아들이는 것이 아니라 굳게 확신을 갖고 몸을 던지는 데서 이루어진다. 키신저의 말이다.[54] 인간이 절망하는 것은 어떤 문제에 대해 전혀 방법이 없을 때이다. 한반도 평화와 번영은 인내와 시간이 필요한 어려운 일이다. 하지만 남북한이 확신을 갖고 주도적으로 평화의 공간을 만들면 가능하다. 남과 북은 여러 가지 어려움 속에서도 다섯 차례(한 차례는 비공식)의 정상회담을 개최하고 네 차례 공동선언을 발표했다. 공동선언은 쌍방의 정상이 서명한 문서이기에 쉽게 폐기되지 않는다. 6.15 공동선언은 남과 북이 합의한 문서 중에서도 처음으로 쌍방의 정상이 서명했다. 선언 내용에 대한 많은 논란이 있었지만, 처음으로 남과 북의 정상이 서명했다는 사실 자체만으로 역사적 의미를 갖는다.

---

53) 이에 대한 자세한 논의는 임혁백, 『한반도와 동아시아의 안보와 평화』 (서울: 한울, 2014), 226-229쪽; 임혁백, "대북 정책 콘도미니오(condominio: 공동지배영역)형성," 남북한관계 발전을 위한 국회의 역할 세미나, 2014년 10월 14일, 3-20쪽 참조.

54) Henry A. Kissinger, On China, 권기대 옮김, 『헨리 키신저의 중국이야기』, (서울: 민음사, 2012), 633쪽.

남북 교류와 협력의 평화론적 해석[1]

이찬수(보훈교육연구원, 대한민국)

현재 보훈교육연구원장이다.
서강대학교 화학과를 졸업하고, 종교학과에서 칼 라너의 철학적 신학과 니시타니 케이지의 불교철학을 비교하며 박사학위를 받았다. 강남대 교수, 서울대 통일평화연구원 HK연구교수, 일본 코세이가쿠린 객원교수, 중앙학술연구소 객원연구원, 난잔대학 객원연구원, 한국문화신학회 회장 등을 지냈다. 그동안『평화와 평화들』,『사회는 왜 아픈가』,『다르지만 조화한다』등 100여 편 이상의 책과 논문을 출판했다.

---

1) 이 글은 2019년 11월 8일 신한대 탈분단경계문화연구원 국제학술회의에서 일차 발표한 뒤 이번에 일부 수정 보완한 글이다. 일차 발표문의 내용 중 일부, 특히 5, 9, 10장은 이찬수, "대화의 평화적 구조",『통일과 평화』제11집 제2호(2019.12.30.)(= 김성철·이찬수편,『평화의 여러 가지 얼굴』, 서울대학교출판문화원, 2020.08.15.)의 일부 내용에 재활용되었고, 2, 3, 4장은 내 평화론의 근간인 이찬수,『평화와 평화들: 평화다원주의와 평화인문학』(모시는사람들, 2016) 및 이찬수, "감폭력의 정치와 평화의 신학",『평화의 신학: 한반도에서 신학으로 평화만들기』(동연, 2019.7)의 전반적인 시각 및 일부 내용과 상통한다는 사실을 밝혀둔다.

1. 들어가는 말

남북 교류협력 사업을 평화론적으로 해석해 본다는 것은 남북 교류의 사례와 협력의 역사를 정리하며 그것이 평화학적으로 어떤 의미가 있겠는지 해석해 본다는 것이다. 남북 교류협력의 사례들은 이미 다양한 형태로 정리되어 있으므로, 이 글에서는 이에 대한 평화론적 해석 및 의미에 중점을 두고자 한다.

남북 간 교류와 협력은 분단 및 적대적 관계에 처한 상황을 극복하는 시도라는 점에서 의미 있는 일이다. 적대 관계를 일부라도 해소시킬 수 있다면 그 해소 과정 자체가 바로 평화의 모습이기 때문이다. 일단, 평화란 무엇인지 개념 정리부터 해 보자.

2. 갈퉁의 평화론과 문제점

영향력 있는 평화학자 요한 갈퉁Johan Galtung은 평화를 다음과
같이 규정했다.

$$\text{평화peace} \quad = \quad \frac{\text{공평equity} \ \times \ \text{조화harmony}}{\text{상처trauma} \times \ \text{갈등conflict}} \quad {}^{2)}$$

'공평'과 '조화'가 확대되고(또는 확대되거나) '상처(트라우마)'
와 '갈등'이 줄어들 때 평화가 커진다. 왜 '공평'과 '조화', '상처'와
'갈등'이라는 네 가지 요소만으로 평화를 도식화했는지는 불명확하
지만, 어떻든 인간적 삶의 긍정적 가치를 확장할수록, 부정적 요소
를 축소할수록 평화가 커진다는 뜻이다. 분자가 최대로 커지고 분
모가 최소로 줄어든 상태, 그에 따라 폭력이 없어진 상태를 갈퉁은
'적극적 평화positive peace'라고 규정했다. 적극적 평화는 한 마디로
일체의 폭력이 없는 상태이다. 평화에 대한 '최대주의적' 정의로서,
일반에게 널리 알려진 규정이기도 하다.

평화를 규정하기 위해 정반대 개념인 폭력을 가져오는 이유는

---

2) Johan Galtung, *A Theory of Peace: Building Direct Structural Cultural
Peace* (Transcend University Press, 2012); Knut J. Ims and Ove D. Jakobsen,
"Peace in an Organic Worldview", Luk Bouckaert & Manat Chatterji eds.
Business, Ethics and Peace vol.24 (Bingley: Emerald Publishing Limited,
2015), p.30 재인용.

인류가 늘 폭력에 시달려 왔기 때문이다. 이제까지 인류는 공평과 조화를 지속적으로 경험해 본 적이 없다. 한두 사람 사이에서 혹은 소규모 집단들 사이에서 일시적으로 공평을 경험할 수도 있고, 어떤 사건의 조화로운 타협이나 해결을 경험할 수는 있지만, 지속적으로 공평하고 조화로운 건 불가능에 가깝다.

지구 전체로 확장하면 더욱 그렇다. 세상 어디에는 늘 상처와 갈등이 있다. 공평과 조화보다는 상처와 갈등을, 특히 구조적 차원에서 더 크게 경험해 왔다. 몇 사람이나 일부 집단 간의 갈등이 점차 줄어들거나 일시적으로 사라질 수는 있지만, 인류의 상처와 갈등이 완전히 사라졌던 때는 없다. 인류의 목표는 상처와 갈등을 완전히 사라지게 하는 데 있다기보다는 지속적으로 줄여가는 데 있다고 보는 것이 현실적이다.

3. 평화의 재규정

갈퉁의 도식은 한 걸음 더 들어가 보아야 평화학적 의미가 더 분명히 드러난다. 일단 분자와 분모는 대등한 관계가 아니다. 현실에서는 공평과 조화라는 분자보다는 상처와 갈등의 경험이 더 크다. 분자는 목적과 이상에 가깝고, 분모는 현실 경험을 반영한다. 분자보다는 분모를 중심으로 평화를 규명하는 것이 더 현실적이다. 긍정적 가치를 확대하는 것도 중요하고 필요하지만, 폭력이 만연하고, 나아가 구조화된 현실에서 부정적 가치를 축소하는 일이야말로 현실적인 태도, 행동이다. 공평과 조화는 상처와 갈등을 줄이는 과정으로만 모습을 드러낸다. 분모가 0이었던 적은 없다. 분모를 0으로 수렴해 나가는 과정만 있을 뿐이다.

평화를 폭력이 없는 정적 상태가 아닌 폭력을 줄이는 동적 과정으로 보는 편이 더 설득력 있다. 정적으로 주어진 평화 상태는 상상에서만 가능하다. 인간의 삶은 지속적으로 변화하는 과정에 있다. 평화는 상처와 갈등, 이를 둘러싼 모든 폭력을 줄이는 과정으로만 드러난다.

상처와 갈등을 줄인 만큼 평화가 커진다. 공평과 조화라는 긍정적 가치와 자세를 도모함으로써 평화가 커진다는 말도 맞기는 하지만, 공평과 조화 자체가 상처와 갈등을 줄이는 형태로 경험된다는 사실이 더 중요하다. 평화는 그 자체로 증진되는 별개의 가치나 상태라기보다는, 상처나 갈등과 같은 부정적 가치, 즉 폭력이 축소되는 형태로 드러난다.

그렇다면 폭력을 어떻게 줄일 수 있을까? 폭력은 큰 힘이 작은 힘을 압도해 피해를 주는 현상이다. 대등한 힘들끼리 팽팽하게 대립하며 서로를 더욱 긴장시키는 경우 폭력은 상호적으로 작용한다. 서로가 폭력의 원인이다. 그럴 경우 폭력은 서로 안에 구조화되기까지 한다. 힘들의 팽팽한 대립은 힘의 정당성을 자기에게만 두는 데서 벌어진다. 이런 상황이 지속되면 사회적 긴장으로 인한 폭력이 정당화되고, 서로 안에 내면화하며, 폭력이 폭력인 줄 모르게된다. 지금까지의 남북 관계가 그랬다.

그렇다면 정도의 차이는 있겠지만 서로가 서로에게 폭력의 원인이 되어왔다는 사실을 솔직하게 인정하는 것부터 시작해야 한다.

나로 인해 네가 받은 폭력에 대해 피차 동의할 수 있어야 한다. 그러면서 교류하고 협력해야 한다. 교류와 협력은 서로의 입장과 상황에 대한 이해를 전제로 접점을 찾아 상생하는 과정이기도 하다.

교류협력은 상호 인정을 전제로 한다. 그러면서도 실제로는 한쪽에서 대화를 요청하면서 시작된다. 상대방은 왜 이러한 상태에 이르게 되었는지, 서로의 입장에서 생각하면서 그에 걸맞은 협력도 시작된다. 이런 과정 없는 교류는 기만이다. 협력은 서로가 서로의 상황을 긍정함으로써만 가능하다. 테러리스트조차도 그들의 입장에서 보면 테러에 이르게 된 경로가 보인다. 나름의 이유가 있다. 그 이유가 옳은가, 옳지 않은가를 따지는 것은 테러를 종식시키는 결정적인 근거가 못 된다. 자살이 사회적 타살일 때가 많듯이, 테러가 발생하는 구조적 모순도 인식해야 한다. 왜 테러를 하는지에 대해 이해하면서 그에 걸맞은 공동 목적을 설정하고 테러를 멈추기 위한 접점을 찾는 과정에서만 테러를 멈출 수 있다. 교류협력은 이러한 자세를 가지고 대화를 통해 갈등을 넘어 접점을 찾아가는 과정이다.

나아가 한반도의 갈등은 남북만의 문제에 머물지 않고, 분단에 관여한 미국, 러시아, 중국, 일본과의 관계에서도 접점을 찾아가는 과정이기도 하다. 이들 간에 접점을 찾아가는 과정이 한반도 평화의 과정이다. 상대자들 사이에 대화를 통해 접점을 찾아가야 한다. 상이한 입장들이 만나 공통의 지점을 확인해 가는 과정은 차이로 인한 갈등을 조화로 이어가는 평화의 길이다. 대화를 통해 다양성들 간에 조화를 이루어가는 과정이 평화의 전형적인 모습이다. 그

것은 개인, 집단 간에는 물론 국가 간에도 동일하게 적용되는 원리
이다. 대화는 평화의 출발이자 과정이다.

4. '평화다원주의'와 '감폭력'으로서의 평화

'대화dialogue'는 두 가지 말의 교환 과정, 교환으로 접점을 찾아
가는 과정이다. 고대 그리스어에 기반을 둔 영어 dialogue는 '통하
여/사이에서/교차하여dia' '말하기logos'이다. 그러려면 서로 마주
해야 한다. 한자어에 담긴 '마주하고對 이야기하기話'는 이런 관계
성을 잘 보여준다. 마주하고 이야기해야 접점이 찾아진다. 그래야
문제가 풀리기 시작한다.

평화도 이러한 대화의 구조를 지닌다. 평화가 대화의 구조를 지
닌다는 말은 평화를 구성하는 주체들 사이에 조화를 이루어나가는
과정이 대화의 주체들이 접점을 찾아가는 과정과 같다는 뜻이다.
서로 다른 맥락에서 형성된 상이한 '두di' '말logos'이 서로 교환하며
대화가 이루어지듯이, 평화도 두 가지 이상의 입장들이 교환과 조
화의 형태로 나타난다.

이때 각 입장들은 저마다 자신이 평화라거나 평화의 주체라고
생각하는 경향이 있다. 하지만 두 입장에 접점을 찾기 전까지 둘이
공유하는 평화는 없다. 각자의 평화만 있는 것이다. 두 입장이 저마
다 자신에게 유리한 어떤 형태로 상상한다는 점에서 평화는 사실
상 복수複數이다. 현실에서 평화는 대문자 단수 '평화Peace'가 아니
라, 소문자 복수 '평화들peaces'로 존재한다. 평화라는 낱말은 같지

만, 평화의 개념, 의도, 목적, 방법이 저마다 다르게 설정되어 있으면, 평화를 자기에게 유리하게 만들어가려는 '자기중심적 평화주의ego-centric pacifism'가 주류를 이룬다.

자기중심적 평화는 평화라는 이름의 폭력을 낳는다. 자기중심적 평화주의는 평화라는 목적을 자기중심적 수단을 써서 구체화하려는 태도이다. 목적은 평화에 두고 있지만, 현실에 드러나는 것은 다양한 '자기중심성들ego-centerednesses'이다. 그러다 보니 평화라는 이름의 갈등이 지속된다. '힘에 의한 평화peace by power'라는 것이 그런 갈등을 부추긴다.

평화가 소문자 복수peaces라는 사실을 일단 긍정해야 한다. 사실상 '평화들'의 형태로 존재한다는 것이다. 모두의 평화를 이루기 위해서는 나의 평화도 상대성을 면치 못한다는 사실을 일단 긍정해야 한다. 대문자 단수로서의 '평화', 즉 '대평화'가 이상적 희망의 영역이라면, 그 희망은 다양한 '소평화들' 간의 대화를 통해 조화를 이루어가는 과정으로 드러난다. 그렇게 상위의 공통적 평화를 찾아가는 과정이 있을 뿐이다.

대화를 통해 다양한 입장들 간의 조율과 조화를 이루어가는 과정이 평화이다. 상위의 공통적 영역에는 한계가 없다. 갈퉁의 도식적 표현을 빌려 말하면, '상처'와 '갈등'이라는 분모가 0이 되어야 최상의 평화가 이루어지는 것이겠지만, 세상에서 상처와 갈등이 0인 경우는 없다. 상처와 갈등이 전혀 없는 세상은 '하느님 나라'나 '불국토' 같은 종교적 이상의 세계이다. 그런 이상향을 현실에서 온전히 경험할 수는 없다.

그럼에도 불구하고 그런 이상적 전제를 포기하면 지금보다 더 나은 단계를 상상해야 하는 이유와 설득력 있는 논리도 사라진다. 큰 틀에서 플라톤의 이데아론은 여전히 유효하다. 이상적인 상태를 상상함으로써만 상처와 갈등을 줄여야 하는 논리도 정당성을 얻는다. 지금보다 더 낫다고 여겨지는 접점을 찾아가는 과정이 정당성을 입는다. 어떤 힘 자체가 공통의 평화로 전환되는 과정을 건너뛰면 그 힘만 남고, 그 '힘에 의한 평화'는 폭력의 동인이 된다. 평화유지peace-keeping와 평화조성peace-making에 머물지 않고 평화구축peace-building 단계까지 나아가자는 주장에는 '폭력이 없는 상태'라는 이상 세계에 대한 상상이 들어 있다. 이런 상상을 해야 현재 경험하는 평화에 안주하지 않는 자세가 논리적 설득력을 얻게 된다. 이러한 입장을 '평화다원주의pluralism of peaces'라고 한다.[3]

평화다원주의라는 말은 그저 평화에는 여러 종류가 있다거나, 모든 입장들이 다 옳다는 뜻이 아니다. 가치론적 차원에서 누군가의 평화론이 더 옳거나 도덕적일 수는 있다. 그러나 그 객관적 기준을 단박에 확보하기는 대단히 어렵다. 현실에서는 한결같이 자신이 생각하는 평화가 옳다고 여기며 자신에게 유리한 어떤 상태를 기대한다. 평화조차 자기중심적 해석에 좌우되고 있는 것이다. 현실에서 경험하는 평화는 사실상 '평화들'이라는 사실을 일단 긍정

---

3) 이찬수, 『평화와 평화들: 평화다원주의와 평화인문학』(모시는사람들, 2016), 57-62쪽.

하고서, 이 다양성을 충돌이나 갈등이 아니라 공평과 조화라는 상위의 가치를 지향해 나가는 디딤돌로 삼아야 한다. 갈등이나 폭력이 없는 이상적 상태, 즉 '대평화Peace'를 상상하되, '소평화들' 간의 조율을 통해 그 이상을 앞당겨 구체화시켜야 한다. 이와 함께 폭력으로 인한 희생과 상처는 없을수록 좋지 않겠는가 하는 인류의 보편적 정서에 지속적으로 호소해야 한다.

북미, 남북, 한일의 평화가 현실에서는 부딪히지만, 그럼에도 불구하고 어느 하나의 입장만을 내세우다가는 갈등과 충돌의 악순환을 피하지 못한다. '힘에 의한 평화'는 어느 한쪽을, 나아가 양쪽 모두에 상처를 입히고, 갈등을 그저 수면 아래로 침잠시킬 뿐이다. 일단 상대방을 인정하면서 접점을 찾아가야 할 도리밖에 없다. 물론 접점을 찾는 과정에도 왜 그래야 하는지 기본 가치를 놓쳐서는 안 된다. 폭력이 없는 세상, 그로 인한 희생과 상처가 없는 세상이라는 이상적 가치를 견지하면서 타협해야 하는 것이다. 다음 단계의 평화, 다시 그 다음 단계의 평화, 궁극적으로는 일체의 폭력이 사라진 이상적 세계를 꿈꾸면서, 그 평화 상태를 전 세계를 대상으로 호소하는 과정이 병행되어야 한다.

상이한 힘의 역학 관계에서 오는 피해, 즉 폭력으로 인한 상처를 없애거나 줄여가야 한다. '평화는 폭력을 줄이는 과정reducing violence', 간명하게 말하면 '감폭력減暴力 minus-violencing의 과정'이다. 폭력violence을 줄이는minus 과정 ~ing인 것이다. 폭력을 줄이는 만큼 상처가 치유되고 상처 받을 가능성도 줄어든다. 평화는 폭력으로 인한 상처를 치유하는 과정일 뿐만 아니라, 애당초 그러한 상처를 만들 필요가 없는 구조를 만들어가는 과정으로 드러난다. 전술했던 '평화구축'은 이러한 과정을 집약하고 있는 용어이다.

이때 어느 한쪽의 선제적 대화의 요청이 이러한 과정으로 이끄는 계기가 된다. 대화로 부정적 가치(폭력)을 축소하도록 돕는 '중재자'의 역할도 중요하다. 이 글의 후반부에 보겠지만, 중재자가 양측의 모난 관계를 유화시키면서 대화 분위기가 강화되고, 긍정적 가치(평화)의 접점이 모색된다. 평화가 대화적 구조를 할 뿐만 아니라 대화 역시 평화적 구조를 하는 것이다. 이러한 대화론을 근간으로 하는 하버마스의 의사소통 이론에서 그 방법론을 좀 더 잘 볼수 있다.

5. 평화 = $\dfrac{\text{의사소통}}{\text{전략}}$ & 통일 ≤ 평화

주지하다시피 하버마스Jürgen Habermas는 인간 존재의 대화적 구조를 의식하면서 그 구체화를 위한 '의사소통 행위론'을 펼쳤다. 이때의 의사소통은 대화를 통해 서로의 주장에 대한 타당성을 합의해 가는 합리적 과정이다. 하버마스에 의하면 의사소통이 인간의 '사회생활'과 '사회구성' 및 '사회형성'의 근간이며, 이렇게 형성되는 사회영역이 이른바 '생활세계Lebenswelt'이다. 의사소통적 합리성이 통용되는 세계이다.[4]

---

4) Jürgen Habermas, 장춘익 역, 『의사소통행위이론2』 (서울: 나남, 2015), 515쪽.

하지만 현실은 상대방에게 나의 영향력을 일방적으로 미치게 하려는 '전략적' 행위가 난무한다. 하버마스가 말하는 '전략'은 나의 영향력을 상대방에게 미치고 확대시키기 위한 행위이다. 상대가 나의 의도에 맞는 행위를 하도록 채택하는 수단이 전략의 일환이다. 서로 간의 타당한 합의보다는, 상대에 대한 나의 영향력을 자기 존재의 더 큰 척도로 삼는다. 전략적 행위는 내 앞의 대상을 일종의 사물로, 나를 위한 수단으로 간주한다.

오늘날은 정치적 차원의 '권력', 경제적 차원의 '화폐'가 상대를 내 기대에 맞추게 하는 대표적인 수단으로 작동한다. 이로 인해 화폐와 권력에 의해 행위가 생활세계를 억압하게 되었다. 언어적 합의가 권력이나 화폐로 대체되는 현상이 벌어지고 있는 것이다.

하버마스에 의하면, 이러한 현실을 바로잡기 위해서는 민주적 의사결정을 통해 제정한 법으로 '체계'를 간접적으로 통제해야 한다. 체계가 경제와 행정의 효율성을 추구할 수 있도록 인정하되, 언어적 의사소통으로 확립된 개인적이고 사회적인 삶을 침범하지 않도록 하는 한에서 그렇게 해야 한다는 것이다. 생활세계가 지닌 의사소통의 합리성으로 '생활세계의 식민화'를 바로잡아야 한다는 것이다.

이것을 우리의 주제와 연결시키면, '의사소통'이 평화에 기여하고, '전략'이 폭력에 기여한다는 말로 요약할 수 있겠다. 위 소제목에서처럼 '평화$=\dfrac{\text{의사소통}}{\text{전략}}$'이라는 간단한 규정도 가능하다. 타자를 사물화시키는 전략적 행위를 줄이고 합리적 의사소통을 늘려

가는 길이 평화 구축의 길이다.[5] 서로의 주장에 대한 타당성을 소통을 통해 합의해 가야 한다. 자신에게 유리한 평화만을 평화로 내세우는 데서 오는 '평화라는 이름의 폭력'을 축소시켜야 한다. 지속적 의사소통을 통해 소문자 평화들, 가령 peace1, peace2, peace3 간의 접점을 찾아가면서 peace12, peace23, peace13를 만들어가고, peace12, peace23를 조화시켜 peace123을 구축해가야 한다. 이러한 지속적 과정이 대평화Peace로 나아가는 길이다.

한반도의 통일과 통합을 이루어내야 한다면 그것도 평화다원주의적 시각에서 대평화로 접근해 가는 과정을 걸어야 한다. 통일이 무엇인가에 대한 논의 자체도 다양하고 통일과 사회적 통합의 관계를 규명하는 것도 복잡한 과제이지만, 분명한 것은 우리가 분단 상황에 있는 한 통일과 통합은 지속적인 목적으로 작용한다. 물론 최종 목적은 아니다. 최종 목적은 대평화이다. 대평화는 현실의 다양성들 간의 조율을 요청하는 이상적 목적이다. 그런 점에서 언제나 통일≤평화이다.

6. 최소한의 전략

이런 식의 의사소통 이론은 특정 국가 내부의 민주주의 제도를 염두에 둔 이론이지만, 국가 간에도 그 원리는 비슷하게 적용할 수

---

5) 정선기, 『문화사회학 가치의 제도화와 생활양식』 (대전: 충남대학교출판문화원, 2011), 89쪽; 김재현, "하버마스에서 공론영역의 양면성", 이진우 엮음, 『하버마스의 비판적 사회이론』 (파주: 문예출판사, 1996), 132쪽 참조.

있다. 다만 대화의 주체들 간 거리가 다소 먼 탓에 대화에 이르도록 하기 위한 '전략'이 없을 수는 없다. 70년 넘게 상이한 체제와 이념으로 갈등이 켜켜이 쌓여온 남북관계에 합리적 의사소통 이론을 대번에 적용할 수는 없기 때문이다. 의사소통의 계기를 마련하기 위해서라도 전략이 필요하다. 하버마스가 '전략'이라고 명명한 사례, 즉 정치적 차원의 '권력' 혹은 경제적 차원의 '화폐'가 북한과의 대화를 촉진시키는 잠정적인 수단이 될 수 있다는 말이다. 특히 경제적 역량의 우위에 입각한 '화폐'의 전략적 활용이 필요하다. 개성공단의 복구 및 관련 경제특구의 건설, 금강산 관광의 재개, 서해 평화 수역 확립, 남북 철도 연결, DMZ의 탈군사화 등등 현재 의견이 오가고 있는 남북 교류협력 사업들은 결국 남측 '화폐'의 힘에 달려 있으며, 북측도 그 화폐의 힘을 누릴 수 있다는 인식을 긍정적으로 확산시키는 '전략'이 필요하다.

그렇더라도 전략은 어디까지 일시적 수단에 머물러야 한다. 더 큰 가치는 모두의 평화라는 부정할 수 없는 사실을 언제나 밝혀야 한다. 이러한 전략이 상대로 하여금 타자의 의도에 맞추는 행위를 하도록 유도하는 숨은 목적처럼 여겨진다면, 상대방도 그 상대를 수단화하는 전략적 행위로 대응하게 된다. 그러면 서로 간에 전략만 난무하고, 그것은 다시 생활 세계를 파괴한다. 그런 점에서 남북 관계에서 전략적 수단은 필요하되, 상호 관계를 작동시키기 위한 최소한의 장치로만 사용되어야 한다.

이때 최소한의 전략도 먼저 제안하는 이로부터 실행된다. 누군가 선제적으로 대화를 제안해야 관계가 형성된다. 선제적 제안이 대화의 동기가 되듯이, 남북 간에도 선제적으로 제안하는 이가 필요하다. 가령 북한의 김정은 위원장이 2018년 신년사에서 평창동계올림픽에 참가할 의사가 있다는 뜻을 밝히자 남쪽의 문재인 정부는 이를 바로 받았다. 올림픽 기간 중에 한미연합군사훈련을 중지하자는 제안을 미국 측에 했고, 이를 미국이 받으면서 북한이 평창올림픽에 참가하는 명분을 만들어주었다. 그 뒤 한반도 평화 담론이 봇물처럼 솟아올랐다. 남북 정상회담이 세 차례나 이어졌고, 북미정상회담도 마찬가지였다. 베트남 하노이에서의 북미정상회담이 결렬되고 미국 대선 정국을 지나면서 한반도의 평화 분위기가 소강상태에 접어들었지만, 그렇다고 해서 대화의 경험 자체가 사라진 것은 아니다. 그것은 언제든 새로운 대화로 나아가는 공통 계기로 작용할 수 있다. 김정은이 대화를 제안하게 된 별도의 동기가 있었는지 밝히는 것은 중요하지 않다. 누군가 선제적으로 대화를 요청하면서 관계가 맺어진다는 사실이 중요하다. 대화의 제안도 일종의 '전략'이 될 수 있다.

남북 간에 합리적 의사소통이 이루어지도록 하되, 이를 위한 전략도 필요하다. 하지만 전략은 어떤 형태로든 의사소통을 가능하게 해 주고 증폭시켜 줄 최소한의 장치로만 활용되어야 한다. 지속적 의사소통, 합리성을 기반으로 한 의사소통, 대립하던 두 세력의 상호 유용성을 가능하게 하고 양측을 모두 살리는 의사소통 문화가 중요하다. 이것이 전략(분모)을 줄이고 합리적 의사소통 간의 공감대(분자)를 더 확대해 평화를 확장하는 길이다.

7. '증여'가 촉발시키는 '비폭력적 소통'

남과 북은 이러한 원리에 따라야 한다. '화폐'를 내세우는 전략은 일시적 '당근'은 되지만 자발성에 기초한 영구적 동력은 되지 못한다. 그것만으로는 상호 신뢰가 형성되지 않는다. 신뢰가 형성되지 않는 평화는 형용모순이며, 곧 깨진다. 지속가능성을 확보해야 한다. 의사소통을 하면서 그동안 남북 간에 쌓여 왔던 상처와 아픔을 실제로 축소시키는 과정으로 나타나야 한다. 축소는 상처를 덜 받은 쪽에서 먼저 손을 내밀 때 가능하다. 분단 상황에서 당연히 남한에게도 상처가 있지만, 미국이 주도하는 세계 질서에서 궁지에 몰려 있는 북한의 상처가 더 크다. 이에 대한 남한의 공감적 인식을 확보해야 한다. 남과 북은, 아니 미국과 북한은 기울어진 운동장의 반대편에 서서 경기 중이다. 낮은 곳에서 경기를 시작하는 측에 선공할 수 있는 명분과 기회를 주어야 한다. 그래야 비교적 공정한 경기가 이루어진다.

인류학자 마르셀 모스가 『증여론』에서 밝히고 있듯이, '교환ex-change'은 '증여gift'로부터 이루어진다. 애덤 스미스가 규명한 이래 정치경제학에서 말하는 '가치'라고 하는 것은 주로 교환가치ex-change value였다.[6] 그런데 마르셀 모스는 여기서 한 걸음 더 나아가는 상상을 하게 해 주었다. 그는 누군가로부터 받은 만큼, 아니 받은 것 이상으로 내어줌으로써 자신의 사회적 위치도 규정된다는

---

6) 존 스튜어트 밀, 박동천 옮김, 『정치경제학원리3』 (나남, 2010), 24-25쪽.

사실을 여러 원시 부족사회의 포틀래치(증여행위) 연구를 통해 실감 나게 규명했다. 모든 교환행위는 누군가의 '증여'에서 시작되고 성립된다. 그에 의하면 '증여'와 '수증'은 단순히 물질적 관계만이 아니라, 사회적 명예와 지위의 문제이기도 하며, 나아가 영적spiritual 차원까지 교감하는 행위이다.[7] 폴리네시아의 포틀래치에서는 그런 예를 특히 많이 볼 수 있다.

인간과 사물은 분리되지 않기에 누군가로부터 어떤 사물을 받았다면 거기에는 주는 이의 영혼까지 들어있다. 인간이 사물을 단순히 소유하는 것이 아니다. 소유물의 크기로 개인의 역량을 평가하는 근대인과 달리, 누군가에게 무언가를 줄 줄 아는 크기에서 인간의 크기가 규정된다. 무언가를 주는 것은 자신의 일부를 주는 것이기도 할 뿐더러, 받은 이는 받은 것 이상으로 상대방에게 갚음으로서 자신의 존재를 보증 받는다. 노동도 누군가에게 주기 위한 행위가 된다. 이렇게 주고받는 행위가 상호 순환하면서 사회가 운영된다. 증여가 한 사회가 운영되는 근본적 조건이 된다는 것이다. 모스는 오늘날의 사회보장제도는 원시적인 포틀래치로 회귀하려는 징후와 같다. 모스는 모든 사물과 재화가 자신만의 이익을 위한 수단이 아닌 남에게 주는 선물이 되는 사회의 가능성을 제시하고 있다. 이러한 증여론이 오늘날 남북 관계에 시사하는 바가 적지 않다.

주고받는 과정을 대등하게 계량화하기만 하거나 더 많이 받으려고만 하는 '기 싸움'은 '의사소통'은커녕 사회를 비인간적으로 '체

7) 마르셀 모스, 이상률 옮김, 『증여론』(한길사, 2002)

계화'시킨다. 국익이라는 이름의 무한 경쟁, 평화라는 이름의 폭력의 근간에는 개인이든 집단이든 자기중심주의가 놓여 있다. 자기중심적 전략이 어떤 형태든 힘의 경쟁과 폭력을 낳는다. 그렇게 폭력이 순환하고 강화된다.

교류의 과정이 비폭력적일 수 있도록 전환해야 한다. 비폭력적 행동은 상대방을 긍정함으로써 가능해진다. 누군가 먼저 주려고 함으로써 가능해진다. 자기중심적 전략을 숨긴 형식적 소통은 폭력을 낳고 구조화시킨다. 한쪽만이 아니라 모두가 서로 그렇게 대응적 행동을 하게 되기 때문이다.

평화운동가 로젠버그Marshall Rosenberg가 비폭력적 소통Nonviolent Communication 개념을 제시한 바 있는데, 이것은 상대를 나의 힘 안으로 끌어들이려는 '전략'이 사회를 비인간적 '체계'로 만든다는 하버마스의 관점과 다르지 않다. 하버마스가 합리적 의사소통에 기반한 생활세계의 구축을 요청했듯이, 로젠버그는 진정한 의사소통은 '자비로운 연결compassionate connection'을 근간으로 한다고 말한다. 언어 자체보다 그 언어의 내면, 즉 마음이 더 중요하며, 따라서 소통도 연민에 기반해야 한다Compassionate Communication는 것이다.[8] 이런 소통이 상처를 치유하고 평화를 확대한다. 이러한 의사소통의 심층에서 '공평'과 '조화'의 원리가 드러나며, '상처'와 '갈등'이 축소된다. 그만큼 폭력이 축소되며, 그만큼 평화가 확

---

8) Marshall B. Rosenburg, 캐서린 한 역, 『비폭력 대화』(서울: 바오, 2004), 4, 18-19, 24쪽.

대된다. 소통을 통한 접점의 확대가 평화의 근간이다.

8. 국가적 차원의 의사소통, 숙의

물론 이것은 간단한 일이 아니다. 단박에 이루어지지도 않는다. 가까운 사람들 사이의 일상적 이야기 정도가 아니라, 다양한 가치관을 가친 이들이 이해관계로 얽혀 있는 심각한 사안에 대해 논의하는 상황이라면 더욱 그렇다. 어떠한 '사실판단'에 관한 주장보다는 '가치판단'에 관한 주장을 주제로 삼는 대화는 타협이나 합의가 더 어렵다.[9] 사실판단은 벌어진 사실을 확인하는 비교적 단순한 행위인 데 비해, 가치판단은 판단하는 이의 인식론, 세계관, 나아가 구체적 도덕적 실천과 연결되어 있다는 점에서 쉽사리 합의로 이어가기 힘들다.

복잡하게 꼬인 남북 관계도 '가치판단'의 문제로 얽혀 있다. 전쟁의 충격과 피해의식, 사회주의와 자본주의라는 대칭 이념, 한-미-일, 북-중-러로 양분된 국제적 차원의 이해관계가 구성원 모두에게 얽혀 있다. 속으로 들어가면 한-일, 중-러 등의 관계도 가치판단의 문제로 얽혀 있고, 미국이나 중국에 대한 한국 내 가치관도 다르다. 어느 편에 더 가치가 있는지를 따지기는 어렵고, 그것을 객관화하기는 더 어렵다. 평화 지향의 교류와 협력 자체가 가치 있는 일

---

9) 윤선구, "합리적인 의사소통," 대화문화아카데미 편, 『소통 문화의 지형과 지향』(서울: 대화문화아카데미, 2010), 30-31쪽.

이라는 사실에 대한 인식이 필요하다. 이러한 인식에 기반해 상생을 위한 공론의 장을 확보해 가야 한다. 상반된 이념으로 인한 상처와 갈등을 축소해야 하는 이유에 대한 저마다의 합의가 필요하다. 대화의 주제가 복잡해질수록 더 많은 사람이 더 오랫동안 충분히 의논해야 한다.

그런 점에서 남북 간 교류와 협력은 물론 한국 내 대북 정책도 '숙의deliberation' 과정과 병행하며 이루어질수록 좋다. 숙의는 전문가들은 물론 일반 시민들 다수가 참여해 특정 문제에 대해 깊이 생각하고 충분히 의논하는 과정이다. 개인들 간 대화 행위는 물론 특히 공공 의제를 다루는 대화일수록 숙의 과정이 요청된다. 하버마스의 말마따나, "토의의 장 속에서 사회 전체와 관련되고 규제를 필요로 하는 문제들에 관해 일정 정도 합리적인 의견형성과 의지형성이 일어"[10]나기 때문이다.

사회 체제상 숙의 과정은 북한보다는 시민사회가 더 발달한 남한에 더 적용 가능하다고 할 수 있다. 비인간적 '체계'의 논리에 굴복하지 않으려는 시민의 적극적 태도가 합리적 공론의 장을 형성할 수 있기 때문이다. 다양한 형태의 대북 '증여'가 남과 북의 교류와 협력을 이끌어내고 지속시킨다는 인식을 의제화하는 공론의 장을 남한 사회에서 먼저 형성해 나가야 한다. 남북 교류와 협력 사업도 이른바 '숙의민주주의deliberative democracy'의 일환으로 삼아야

---

10) Jürgen Habermas, 한상진 외 역, 『사실성과 타당성』(서울: 나남, 2010), 398-399; 405, 401쪽.

할 필요가 있다.[11] 숙의의 내용과 결과 못지않게 숙의 과정 자체가 평화 과정이라는 인식을 확산하는 게 중요하다. 숙의만으로도 의미가 적지 않다. 숙의를 통한 조율의 과정에 어떻든 대립 세력들 간 접점이 찾아지기 때문이다.

9. 합의의 사례: 7.4 남북공동성명과 제네바합의

이렇게 찾아진 접점을 객관화하는 방법이 '협약문'이다. 일반적으로 협약문은 객관성을 확보하기 위해 법적인 내용을 주로 담는 경향이 있지만,[12] 분명한 사실은 협약문으로 인해 쌍방이 동의하는 지점이 구체화된다는 것이다. 그렇게 드러나는 동의의 지점이 평화의 모습이다.

물론 이것은 일종의 언어적 평화 혹은 법적 평화이다. 평화의 모든 것이라고 할 수는 없다. 그럼에도 불구하고 상처와 갈등이 쌍방 간, 다자 간 관계에서 생겨나는 것이라면, 언어적 혹은 법률적

---

11) 숙의민주주의의 사례는 아일랜드에서 2012년 12월부터 2014년 3월까지 시민 참여로 구성한 '헌법회의(The Convention on the Constitution)'에서 잘 볼 수 있다. 2011년 총선에서 주요 정당들이 헌법 개정에 시민 참여를 보장하겠다고 약속한 이래, 2012년 7월 아일랜드 상·하원의 의결로 '헌법회의'가 구성되었다. 정치인과 시민이 1년 4개월 간 동안 숙의의 결과를 국민투표에 부쳐 '동성결혼 조항'이 통과되었다. 유사 이래의 실험 치고는 합의의 내용이 약소하기는 했지만, 그 내용이 무엇이냐와 상관없이, 전국민적 소통의 대표적 사례였다는 점에서 의미가 크다.

12) 김연철, 『70년의 대화: 새로 읽는 남북관계사』(파주: 창비, 2018), 300-301쪽.

평화는 실질적 평화로 들어가는 입구가 된다. 그런 점에서 협약의 과정 자체가 평화의 과정이기도 하다. 소통의 다른 측면으로서의 '평화 협정'은 갈등 혹은 분쟁을 종식시키기 위한 상호 계약이며, 그 계약이 평화 체제를 성립시키는 기초이다. 소통에서 타협이 나오고, 타협은 전쟁을 멈추며, 역사도 바꾼다.

가령 '7.4 남북공동성명'에서부터 '남북기본합의서', '6.15 공동선언', '판문점선언'에 이르기까지, 대치하던 남북이 유의미한 합의문들을 도출해 낼 수 있었던 동력은 지속적인 대화이다. 가령 1971년 8월 12일 대한적십자사가 남북 이산가족 상봉을 위한 회담을 하자는 제의에 북한이 호응하면서 '남북적십자회담'이 진행되었다. 이 회담이 정치적 대화로 이어지면서, 1972년 7월 4일, 분단 이후 처음으로 남과 북 사이에 공동 성명이 발표되었다. 이른바 7.4 남북공동성명이다.[13] 1970년대 남북 간에는 대결 구도 하에서도 대화

---

13) 남북한은 1972년 8월까지 25차례의 적십자 예비회담을, 1972년 8월부터 1973년 7월까지 7차례의 적십자 본회담을 진행했다. 그 과정에 정치적 문제를 논의하기 위한 실무자(남측에서는 중앙정보부 협의조정국장 정홍진, 북측에서는 조선로동당 중앙위원회 정치위원회 직속 책임지도원 김덕현) 간 비밀 접촉이 남북을 오가며 진행되었다. 그 뒤 이후락 중앙정보부장이 정홍진이 갔던 경로를 따라 평양에서 김일성을 만나는 등 정치적 대화가 지속되었다. 그 결과 1972년 7월 4일 분단 이후 처음으로 '남북공동성명'이 채택되었다. 그리고 남북공동성명 제6항 및 1972년 11월 4일에 합의한 「남북조절위원회구성 및 운영에 관한 합의서」에 따라 남북한 정치적 협의기구인 '남북조절위원회'도 설치되었다. 남북조절위원회는 1972년 8월 북한이 중단을 선언할 때까지 공동위원장 회의 3회, 본회의 3회 등 총 6회의 회의가 개최되었다. 비록 양측의 입장이 서로 대립하며 더 이상 진행되지는 못했지만, 통일을 주제로 하는 남북 간 대화의 첫 결실이었다고 할 수 있다. 상세 내용은 김연철, 위의 책 참조.

와 합의의 가능성도 구체화시킨 시대였다는 점에서는 의미가 있다. 실제로 7.4 남북공동성명에서 천명한 자주, 평화, 민족대단결이라는 3대 원칙은 이후 남북한 접촉과 대화의 기본지침으로 작용해 왔다는 점에서 더욱 그렇다.

물론 이러한 과정이 얼마나 진정성 있게 진행되었는지 일일이 파악하기는 힘들다. 전술했던 이상적 소통 과정을 그대로 보여주는 사례라고 말할 수는 없다. 그렇더라도 남북 간 접점을 만들기 위해 수십 차례 왕래와 접촉이 있었다는 사실 자체가 대화를 통해 갈등을 넘어서고자 했던 사례인 것은 분명하다. 한마디로 상호적 소통의 결과인 것이다. 이것은 오늘날 북핵 문제의 여전한 디딤돌이자 걸림돌이기도 한 '제네바 합의'의 경우에서도 마찬가지이다.

가령 1994년 10월 1일 제네바에서 북한과 미국 사이에 이른바 '제네바합의문'이 발표되었다. 북한의 IAEA 탈퇴로 드러난 한반도의 위기 상황이 실제 전쟁의 가능성으로 치닫던 1994년 5월에서 6월, 북한은 미국이 경수로를 건설해 준다면 핵재처리시설인 방사화학실험실을 해체할 수 있다는 성명을 내놓았다. 미국의 셀리그 해리슨이 평양에 가서 북한의 진의를 파악했고, 지미 카터 전 대통령이 평양을 방문해 김일성과 회담했다. 카터가 김일성에게서 핵 프로그램을 동결할 의사를 확인하면서 북미 대화가 급진전되었다. 이것이 10월 '제네바합의'로 이어졌다. 이 합의는 북미 간에 이루어졌지만, 1994년 여름에 고조되던 한반도의 전쟁 위기를 평화적으로 수습하는 데 결정적 역할을 했다. 제네바합의가 실제로 이행되는 과정에는 한계도 있었지만,[14] 그럼에도 불구하고 지속적인 만남과 대화, 그로 인한 합의가 전쟁 위기 상황을 돌파하고, 무력적 폭력을 막는 역할을 했다는 사실도 분명하다.[15]

10. 평화의 중층성과 '햇볕정책'

평화는 획일적이거나 기계적으로 이루어지지 않는다. 전술한 평화유지, 평화조성, 평화구축을 단계적으로 설명하기도 하고, 때로 단계적으로 작동할 수도 있지만, 실제로는 복합적이거나 동시적으로 작동한다. 소극적 평화negative peace와 적극적 평화positive peace 역시 그 개념적 차이와는 달리 실제로는 분리되지 않는다. 이들은 융합적으로 이루어지기도 한다. 온 세계, 전 인류가 같은 단계를 밟아나가는 것은 아니다. 어느 지점에서는 때로 일시적이나마 '힘에 의한 평화 유지'가 불가피할 때도 있다. 그렇지만 어떤 상황에서든 폭력과 피해가 더 줄어든 그 다음 단계에 대한 상상을 포기해서는 안 된다. 가능한 한 유력한 자가 먼저 대화를 요청하고 양자 간 상생적 접점을 찾으면서 폭력을 축소시켜 가야 한다. 이것이 적극적 차

---

14) 합의 이후 미국의 의회가 공화당 중심으로 재편되면서 민주당 클린턴 정부에서 약속했던 대북 경수로 건설을 위한 지원이 제대로 되지 않는 등 합의문은 내용대로 이행되지 못했다. 그러자 북한에서 미사일 대포동1호 발사 실험으로 대응했고, 위기가 다시 고조되었다. 이즈음 정권을 잡은 한국 김대중 정부의 '햇볕정책'으로 남북미 대화 분위기가 살아났지만, 미국과 북한 사이에서 체결된 합의문이 실제로 이행되는 과정에는 한계도 여전했다.

15) 이삼성, 『한반도의 전쟁과 평화』(파주: 한길사, 2018), 220-265쪽 참조.

원의 평화를 상상할 줄 아는 이의 관용적 태도이다.

김대중 정부의 대북 '햇볕정책'은 그 사례라 할 수 있다. 햇볕정책이라는 말은 북한의 반발과 그 은유적 모호함 때문에 '포용정책'으로 변경되었지만, 어떤 용어든 '접촉을 통한 변화'에 핵심을 두고있기는 마찬가지이다. 이때 변화라는 말에는 교류와 협력을 통해북한을 개혁과 개방으로 이끌면서 냉전적 남북 관계를 탈냉전적으로 전환한다는 뜻이 담겨 있다. 그것이 기본적으로 남북 간 접촉을통한 상호 이해의 확장과 차이의 인정을 통한 공존의 길이다.[16]

햇볕정책은 분단이라는 현실, 남북의 서로 다른 시간, 있는 그대로의 북한을 먼저 인정함으로써 가능했던 정책이었다. 그러한인정으로 '비폭력적 소통'의 근간이 마련된다. 북한에 대해 먼저 손을 내밀고 북한의 긍정적 반응을 유도하는 정책은 여전히 유의미하다고 할 수 있다.[17]

---

16) 김연철, 앞의 책, 207-208쪽.

17) 이를 통해 김대중 대통령과 김정일 국방위원장은 다음의 다섯 개 항에 합의할 수 있었다: 제1항. 남과 북은 나라의 통일 문제를 그 주인인 우리 민족끼리 서로 힘을 합쳐 자주적으로 해결한다. 제2항. 남과 북은 남측의 연합제안과 북측의 낮은 단계의 연방제안이 서로 공통성이 있다고 인정한다. 제3항. 남과 북은 올해 8·15에 즈음하여 흩어진 가족, 친척 방문단을 교환하며 비전향 장기수 문제를 해결하는 등 인도적 문제를 조속히 풀어 나가기로 하였다. 제4항 남과 북은 경제 협력을 통하여 민족 경제를 균형적으로 발전시키고 사회·문화·체육·보건·환경 등 제반 분야의 협력과 교류를 활성화하여 서로의 신뢰를 다져 나가기로 하였다. 제5항. 남과 북은 이상과 같은 합의 사항을 조속히 실천에 옮기기 위하여 빠른 시일 안에 당국 사이의 대화를 개최하기로 하였다.

11. 한반도 평화와 그 중재자

물론 간단한 일은 아니다. 당사자들 간 힘의 역학 관계가 불평등하기도 하고, 일도 복잡하게 꼬여 있을 수도 있다. 그럴수록 중재자가 필요하다. 중재자는 단순히 대화의 상대자를 대화의 테이블에 앉히는 정도에 머물지 않는다. 그저 회의 의장이나 사회자 수준을 넘어, 대화를 기획 및 구성하고, 관련자들이 서로 충돌하지 않도록 질서를 잡으며, 상생적인 해결책을 찾을 수 있도록 돕는 역할을 한다. 힘의 불균형이 심하면 약자에게 힘을 부여하고, 대화의 균형을 잡아가도록 한다. 특히 대화 관계자들이 갈등 관계에 있는 상황일수록 쟁점을 규명하고 문제를 풀어가며 합의 및 화해의 단계에 이르도록 조정자 역할을 해야 한다.[18] 중재자는 교류와 협력을 더 촉진시키기도 한다.[19]

---

18) 강영진, "갈등 해결을 위한 대화의 과정과 진행자의 역할", 대화문화아카데미편, 앞의 책, 119-121쪽.

19) 대화의 원만한 합의를 위해, 특히 중재자에게는 문화적 차이에 대한 이해와 그 차이를 풀어가는 세심함도 필요하다. 가령 갈등이 증폭되어 분노 혹은 화가 일어나는 경우, 그 화에도 문화적 차이가 있다. 한국인이 화를 내는 경우는 "상대방을 가해하거나 힐책하는 데 있기보다는 자신의 화난 심정을 '전달'"함으로써 상대로부터 공감과 수긍을 얻어내고 화해를 이끌어내기 위함일 때가 많다. 일본이나 서구 문화에서 화anger가 "상대에 대한 적대감을 의미"하는 것과 질적으로 다를 수 있다는 것이다. '화'의 의미에 대한 문화적 상황 혹은 차이를 얼마나 이해하고 수용하느냐에 따라 상이한 문화권에 속한 이들 간에 갈등이 증폭될 수도 있고, 화해로 이어질 수도 있다. 복잡한 기제가 작동하는 대화일수록 중재자의 역할이 지대하다고 할 수 있다. 최상진, 『한국인 심리학』 (서울: 중앙대학교출판부, 2002), 359쪽.

당사자들이 한 자리에서 만나 아픔의 원인에 대해 이야기할 수 있도록 해주는 중재자 역할이 긴요하다. 한반도 평화의 경우도 마찬가지이다. 가령 북한의 핵 문제는 한국에게도 당면한 과제이자 한국도 핵 문제를 풀어야 할 핵심 당사국이지만, 미국이 북핵 문제를 비폭력적으로 풀 수 있도록 한국 정부가 중재에 나서는 것이 하나의 사례이다. 북미 대화에 한국 정부가 중재자로 나서는 것은 북한과 미국 간 힘의 역학 관계는 물론 양국이 대화에 나서려는 정도가 다르기 때문이다. 동시에 북한이 미국과 대화에 나서면서 가져올 평화가 한국에 절실하기 때문이다. 북미 간 대화는 남북 간 화해의 다른 길이며, 그렇기에 한반도 평화의 당사자인 한국이 북한과의 화해를 위하여 북미 간 대화의 중재자 역할을 하는 것이다. 그렇게 평화를 적극적으로 인식하는 자가 중재자로 나서고, 평화를 필요로 하는 이가 대화를 촉진시킨다.

남북 간 교류와 협력을 통해 평화로 나아가는 길에도 중재자가 필요하다. 그 중재자가 평화의 길을 걷도록 인도하는 '증여'의 역할을 맡을 수도 있다. 중국과 러시아 사이에서 현명한 외교로 생존하고 있는 몽골에게 남북 간 교류와 협력을 위한 중재자의 역할을 요청할 수도 있다. 김정은이 청소년기 유학했던 스위스나 남북 모두에 가까운 베트남이 그 역할을 맡을 수 있도록 하는 '전략'을 펼 수도 있다. 남북 간 철도 연결이 러시아에게도 유익이라는 사실을 더욱 강조하면서 러시아에 중재를 부탁할 수도 있을 것이다. 어떤 식으로든 언젠가는 효과를 볼 수 있으리라는 긍정적 기대를 하면서 지속적인 교류와 협력의 길을 걸어야 한다.

무엇보다 어떤 식으로든 남쪽이 손을 먼저 내밀어야 한다. 언어적으로 합의하고 물질적으로 교류하고, '겨레말큰사전' 같은 남북 공동 사업이 속도를 낼 수 있도록 하며, 남북 공동 역사 교과서 발행과 같은 문화적 공통성의 확산을 도모해야 한다. 물론 공동작업 과정에 이른바 '남남갈등'을 완화하는 지속적 노력도 병행해야 한다. 한반도가 식민지 상태를 극복할 새도 없이 외세에 의해 분단되고 남과 북에 서로 다른 정권이 들어섰지만, 남이나 북이나 일제 강점기 민족의 독립과 항일 운동의 연장선에 있었다는 공통적이고 긍정적인 인식의 확산이 필요하다. 남과 북이 대치하며 서로에게 끼친 아픔을 교차 인정하면서, 기층적 정서의 공통성을 확보하기 위한 접점을 찾아가야 한다. 함께했던 오랜 역사적 공감대를 확산시켜야 한다. 이를 통해 남북 간에 '정신적 접점'을 넓고 깊게 확보해야 한다. 이런 공동의 노력을 통해서만 통일의 모습도 구체적으로 보인다. 그 과정이 물리적이든, 구조적이든, 일체의 폭력을 줄여가는 평화의 과정이어야 한다.

참고 문헌

김연철, 『70년의 대화: 새로 읽는 남북관계사』, 파주: 창비, 2018.

대화문화아카데미 편, 『소통문화의 지형과 지향: 소통을 낳는 대화, 대화를 낳는 문화를 위하여』, 서울: 대화문화아카데미, 2010.

이삼성, 『한반도의 전쟁과 평화』, 파주: 한길사, 2018.

이진우 엮음, 『하버마스의 비판적 사회이론』, 파주: 문예출판사, 1996.

이찬수, 『평화와 평화들: 평화다원주의와 평화인문학』, 서울: 모시는사람들, 2016.

정선기, 『문화사회학 가치의 제도화와 생활양식』, 대전: 충남대학교출판문화원, 2011.

최상진, 『한국인 심리학』, 서울: 중앙대학교출판부, 2002.

마르셀 모스, 이상률 옮김, 『증여론』, 파주: 한길사, 2002.

마샬 로젠버그, 캐서린 한 옮김, 『비폭력 대화』, 서울: 바오, 2004.

위르겐 하버마스, 장춘익 옮김, 『의사소통행위이론2』, 서울: 나남, 2015.

위르겐 하버마스, 한상진 외 옮김, 『사실성과 타당성』, 서울: 나남, 2010.

존 스튜어트 밀, 박동천 옮김, 『정치경제학원리3』, 파주: 나남, 2010.

Bouckaert, Luk & Manat Chatterji eds. *Business, Ethics and Peace* vol.24 Bingley: Emerald Publishing Limited, 2015.

Galtung, Johan, *A Theory of Peace: Building Direct Structural Cultural Peace*, Transcend University Press, 2012.

비동맹 미학, 그리고 한반도 평화

샤인 최(매시대학교, 뉴질랜드)

뉴질랜드 매시 대학교에서 정치 및 국제 협력을 가르치고 있다. 또한 *International Feminist Journal of Politics*의 편집자이자 *Creative Interventions in Global Politics* (Rowman & Littlefield) 시리즈의 공동편집자로 활동하고 있다.

개요

비동맹 및 사회세력으로서의 제3세계는 식민지 독립과 반제국주의를 지향하는 국제 정치의 변화와 함께 1960년대와 1970년대에 정점에 다다랐다. 그리고 이후 냉전의 종식과 IMF 주도의 세계화가 시작되면서 1990년대에 쇠퇴한 정치 형태인 역사적 사건으로 주로 검토되었다. 이런 관점에서 보면, 현대의 여파가 있을 수 있겠으나, 비동맹 정치는 특정 시점에 발생했던 것이며, 많은 서구학문은 비동맹 정치를 소규모의 탈식민 국가가 취하는 구시대적 입장, 즉 더 이상 지속될 수 없거나, 윤리적이거나 정치적이지 않은 입장으로 제시한다. 그러나 시간은 여러 형태(선형 시간은 하나의 형태일 뿐임)를 지니고 있으며, 다른 시간 형태는 국제 정치의 미학인 선형성을 뛰어넘는 방식으로 반제국주의 정치와 그에 대한 기술을 나열한다.

이러한 탐색되지 않은 관점을 살펴보기 위해, 비동맹을 미학으로서, 즉 물론 정치와 역사가 관련성이 있다 해도 정치를 역사보다는 감각인식, 주체성, 형태 문제로 이해하는 방식으로서 철저히 고찰하고자 한다. 이 글에서는 현 국가 및 국가 간 체제에서 현 시대의 반제국주의, 반식민주의 정치의 어두운 복잡성의 미학 및 코리아적 맥락에서 이러한 정치가 평화에 미치는 영향을 탐구한다. 비동맹이 반제국주의 정치 형태라는 점을 감안하여, 우리가 모든 폭력, 복잡성, 참혹함 속에서 반제국주의에 직면한 이때에 이러한 입장, 형태, 패턴이 우리에게 제시해야 하는 정치 및 세계의 존재 방식에 대한 교훈이 무엇인지를 묻고자 한다. 좀 더 구체적으로 말하자면, 비동맹 정치가 한반도 평화의 문제에 어떤 영향을 미치는지 살펴볼 것이다.

서론

서구의 베스트팔렌적 관점에서 보면 하나의 일관된 객관적 현실, 하나의 국제질서, 국가, 국경, 정복 형태의 하나의 주권 발현만이 존재할 수 있다. 그러나 정치, 외교, 주권의 비서구의 이면 형태는 항상 존재해 왔다.[1] 이러한 형태의 정치를 인식하는 것은 인식,

---

1) E.g. Ali Mazrui, *Cultural Forces in World Politics* (Nairobi: James Currey and Heinemann Kenya, 1990); Sabelo J. Ndlovu-Gatsheni, *Empire, Global Coloniality and African Subjectivity* (Berghahn, 2013); Pham N Quynh, and Robbie Shilliam, eds., *Meanings of Bandung: Postcolonial Orders and Deco-*

제2부 한반도에서 평화의 논리와 실천

감각 또는 특권 국가와 정치 행위자, 공간과 문화의 언어를 훨씬 뛰어넘는 곳으로 우리를 데려가는 일부 사람들이 미학이라 부르는 것의 과정에 관심을 기울일 필요가 있다. 그러한 변화는 반제국주의의 복잡한 문화적, 정치적, 경제적 관련성을 간과하는 유럽중심주의에 대한 강력한 대안을 제시할 수 있다.

비동맹운동은 역사적으로 보면 세계를 미국과 그 동맹국 및 소비에트 사회주의 공화국 연방의 영향력하에 있는 강대국 세력으로 양분하는 패권 및 냉전의 양극 체제 속에서 '집단적 저항' 및 '집단적 자조'를 전개하기 위한 반식민주의 정치 지도자들의 탈지역적 결집이다.[2] 비동맹은 중립주의가 절대 아니었으며, 강대국 정치 참여 및 논거를 수반하는 정치적 중립 요구 참여에 대한 상당히 일치된 반식민주의적 거절이었다.[3] 비동맹은 강대국 정치에 반대했을 뿐 아니라 표면적으로는 동등한 활동 무대(즉, 국제사회는 무정부 상태임)이지만 실질적으로는 계층적이고 약자에 대한 지배를 제재하도록 구조화된 국제 정치에 영향을 미치기 위한 집단적 입장이

lonial Visions (Rowman and Littlefield, 2016); Amitav Acharya, Pinar Bilgin, and LHM Ling, eds., Global International Relations: ISA Presidential Special Issue. *International Studies Review* 18, 1 (2016).

2) Archie Singham and Shirley Hune, "The Non-Aligned Movement and World Hegemony," *The Black Scholar: Journal of Black Studies and Research* 18, 2 (1987), p.48.

3) Dipesh Chakrabarty, "The Legacies of Bandung: Decolonization and the Politics of Culture," *Making a World After Empire: The Bandung Moment and Its Political Afterlives* (Athens: Ohio University Press, 2010), edited by Christopher Lee, pp. 45-68.

었다. 비동맹 정치의 이면에 존재하는 생각은 국제사회 질서를 재편할 수 있다는 것이었다.

사학자들은 비동맹운동을 1957년 처음 개최된 대규모의 아프리카-아시아 인민연대회의에 필적하는 1955년 아프리카-아시아 반둥 회의의 결과로서 1961년 베오그라드에서 처음 창설된 것으로 보며, 그 전 시기 및 1966년의 삼대륙회의의 출현을 부분적으로 설명한다. 이러한 설명에 따르면, 트리컨티넨탈리즘Tricontinentalism은 '반식민주의 전술로서뿐 아니라 그 자체가 상당한 (정치) 전략'으로서 무장투쟁에 치중하는 '더 나은' 정치적 발전으로 간주되며,[4] 최근에는 앤 갈란드 말러의 표현에 따르면 인종적 정의에 초점을 맞추고 있으며 '피부색의 범주를 정치적 의미의 색으로 전환시키는' 미국 흑인운동과 연결된다.[5] 로버트 영 또한 제3세계에 대한 자신의 낙관론을 남미, 아프리카, 아시아의 정치적 결정과 변혁의 급진적 유산을 이용하는 트리컨티넨탈리즘으로 표현한다.[6]

이러한 설명에 따르면, 비동맹운동은 자체적으로 구상했던, '불평등한 국제적 권력구조를 바꾸기 위한 노력의 일환으로서의 국제 관계의 민주화'라는 강력한 반패권적 도덕적 세력으로서 등

---

4) Vijay Prashad, *The Darker Nations: A People's History of the Third World*, (The New Press, 2007), p. 107.

5) Anne Garland Mahler, *From The Tricontinental to the Global South: Race, Radicalism, and Transnational Solidarity*, (Duke University Press, 2018), p.13.

6) Robert JC Young, *Postcolonialism: An Historical Introduction*, (John Wiley and Sons, 2016), pp. 427-428.

장하지 않았다.[7] 비동맹운동은 수카르노가 반둥 회의의 "우리(제3세계)는 세계 문제에 이성의 목소리를 입힐 수 있습니다. 우리는 평화의 편에 서서 아시아와 아프리카의 모든 정신적, 도덕적, 정치적 힘을 집결시킬 수 있습니다"라는 유명한 연설에서 표현한 바와 같은 제3세계주의에 대한 낙관주의에 부응하지 못했다.[8]

그러나 학계의 사학자들이 틀렸다면 어찌해야 하는가?

비동맹이 존속하면서 국제사회에 대한 우리의 묘사를 이미 활기차게 만들면서 국제사회 질서를 그렇게 재편하고 있다면 어떻게 해야 하는가? 이 글은 우리가 문구에 얽매인 이론의 세계를 어떻게 활기차게 하고 느슨하게 할 수 있는지, 상상력이 국제사회/세계에 대한 정치적 사고를 어떻게 다원화할 수 있는지를 탐구한다. 나는 비동맹을 미학으로서, 즉 물론 정치와 역사와 관련성이 있다 해도 정치를 역사보다는 감각인식, 주체성, 형태 문제로 이해하는 방식으로서 철저히 고찰하고자 한다. 이는 반둥 회의, 비동맹 회의, 삼대륙 회의의 역사적 산출물을 밀어내거나 이러한 산출물에 이의를 제기하는 것일 수 있다. 이는 또한 탈식민 국가 엘리트와 유럽중심주의자들 모두에게 유리한 역학을 창출하는 유럽 중심의 베트스팔렌적 사고에 직면해, 우리가 상세히 설명해야 할 것은 맥락적, 문명적, 지역적 다중 세계라는 LHM 링과 다른 비서구 국제관계학 학자

---

7) Singham and Hune (1987), p. 52.

8) Sukarno in Prashad (2007) p. 34

들의 주장과도 배치된다.[9] 본인은 이러한 진단에 동의하지만, 문명적 또는 지역적 노선을 통한 이면의 정치 단계 및 과정을 보여주기보다는 공유된 정치적 약속에 기초한 새로운 관계의 탈지역적 구축이 적절하다 할 수 있다. 나는 정치 이면에 관심이 있다. 미학 문헌에 기반하여, 권력이 어떻게 규율되는지, 차이가 어떻게 저항이 되는지, 이론 문제에 대한 입장과 위치가 어떠한지, 관계가 어떻게 모든 것을 형성하는지를 논의하기 위해 하위주체 또는 하위개념 같은 기존의 탈식민주의/비식민주의 용어보다는 이면subterranean 개념을 이용한다. 즉, 공유된 정치적 약속의 정치는 그것이 중심이 되고 우선시되는 만큼 의문시되고 있다.

나는 아시아-아프리카를 중심 및 틀로 하는 현 국가 및 국가 간 체제에서 현 시대의 반제국주의, 반식민주의 정치의 어두운 복잡성의 미학에 관심을 가져 왔다. 한반도뿐만 아니라 더 광범위한 한 지역으로서 동북아시아는 역사적으로 양극화되었으며, 동시에 반제국주의 및 반식민주의와 모호한 관계를 지니고 있다. 제3세계에 대한 프라샤드의 정의는 단순하다. '식민주의에 맞서 싸웠고 제국주의에 맞섰다면 제3세계의 일부'라는 것이다. 하지만 이러한 정의에서도 프라샤드의 설명에 따르면, '우리' 사회주의적 굴복으로 묘사될

9) LHM Ling, "Romancing Westphalia: Westphalian IR and Romance of the Three Kingdoms," In edited by Pinar Bilgin and LHM Ling, *Asia in International Relations: Unlearning Imperial Power Relations* (Routledge, 2017); also see Kosuke Shimizu, ed, *Critical International Relations Theories in East Asia: Relationality, Subjectivity and Pragmatism* (Routledge, 2019); Amitav Acharya, Pinar Bilgin, and LHM Ling, eds (2016)

수 있는 집단적 저항에서 이탈하는 싱가포르 및 아시아 회원국과의 1983년 비동맹 정상회의에서 비롯된 이념적 차이의 압박으로 인해 분열되었다. 일부 사람은 동아시아가 여러 면에서 제3세계를 지칭하는 현재의 개념적, 정치적 용어인 남반구Global South의 일부가 아니라고 주장한다.[10] 스피박은 국제학자들 대하여 '불충분한 언어 준비'로 인해 '역사적으로 남반구/제3세계의 인종적 적'의 범주에 속하는 북서반구에 속한다고 표현하기도 했다. 동아시아라고 하는 지역 즉 일본/중국/한국도 이 지적을 피하지 못한다고 나는 생각한다.[11]

본인은 바로 이러한 역사적 모호성이 동아시아/코리아를 통한 비동맹, 제3세계 및 남반구 정치 형성에 대한 현 시대의 관심을 생산적이고 필요하게 만든다고 주장한다. 본인은 또한 코리아가 '한반도'와 동일시될 때 한국이 차지하고 있는 이름으로 이면 정치를 이식할 방법을 지닌다고 생각한다. 그런 의미에서 비서구의 국제

---

10) 남반구에 대한 본인의 정의는 '외부에 존재하지만 소위 남/북과 특정한 계층적 권력 관계를 지니는 장소'를 참고하여 나약과 셀빈의 정의를 수정한 것이다. Meghana Nayak and Eric Selbin, *Decentering International Relations* (London: Zed Books, 2010), p. 167n3.

11) 그녀는 북서반구-남반구 관계를 다음과 같이 비판한다: "인간 사이의 미세접촉은 당신에게는 더 편리하지만 사람들에게는 완전히 불편한 방식으로 이루어지지 않는다. 따라서 이것이 바로 우리가 처해 있는 상황이다. 가혹하게 들리는 점은 유감이지만, 학문적 차원에서 (이러한 문제에) 지적으로 접근하는 다른 방식의 중요성을 완전히 제거한 채 이러한 상황이 발생할 수 있는 척 할 수는 없다." Gayatri Spivak, 'Institutional validation of the agency of the researcher' interview, *Studying the Agency of the Governed*, edited by Stina Hansson, Sofie Hellberg and Maria Stern (Routledge, 2014), p. 74.

관계학에 대한 본인의 관심은 그 지역에서 대두되고 있는 현재의 논쟁과는 다르다 할 수 있다.

이론 문제

비동맹이 반제국주의 정치가 취한 형태라는 점을 감안해 볼 때, 우리가 모든 폭력, 복잡성, 참혹함 속에서 반제국주의에 직면한 이 때에 그러한 입장, 형태, 패턴이 제시해야 하는 정치 및 세계의 존재 방식에 대한 교훈은 무엇인가?

그리고 비동맹 정치에 대한 우리의 재고는 한국에서 평화배당 peace dividend을 지니는가? (아니면 한국 평화 담론은 틀과 미학으로서의 비동맹 관점에서는 어떻게 보이는가?)

이 글은 크게 다음과 같이 구성된다.

1. 범주 및 방법으로서의 미학
2. 비동맹 재묘사
3. 정치미학으로서의 비동맹

1. 미학 고찰[12]

최소한 영어권의 국제관계학에서는 미학 논의의 출발점이 다소 고정되어 있다. 광범위한 정치 이론의 표준 근거의 분야에서는 자크 랑시에르가, 국제관계학의 맥락 면에서는 롤란드 블레이커가 손꼽히며, 문화 및 예술과 교차하는 여성학적 또는 비판적 글쓰기 요소가 들어가 있을 수도 있다.[13] 나에게 범주 및 방법으로서 가장 소중한 미학의 측면은 울타리가 아닌 거주 여부를 타진할 수 있는 장소로서 경계 개념을 연마하는 데 도움이 되는 방식이라는 점이다. 잘레브스키가 표현했듯이, '경계는 단순히 존재하지 않거나, 보이는 바와 절대 같지 않다.'[14] 따라서 본인에게 미학은 우리가 말할 수 있거나 주장할 수 있는 것에서뿐만 아니라 그러한 방식에서 이해명료성intelligibility의 한계를 느끼는 감각지각이다. 미학은 대의

---

12) 본 구문은 본인의 이전 저서 'Redressing international problems; North Korean nuclear politics' in *Review of International Studies* (2020)와 공동 저서인 Choi, Selmezci and Strausz (2019)에서 도출된 것이다.

13) Jacques Rancière, *The Emancipated Spectator* (Verso, 2009); Jacques Rancière, *The Politics of Aesthetics*, edited and translated by G Rockhill (Bloomsbury, 2015); Jacques Rancière, *The Ignorant Schoolmaster: Five Lessons in Intellectual Emancipation*, translated by K Ross (Stanford: Stanford University Press, 1991); Roland Bleiker, *Aesthetics and World Politics* (Palgrave Macmillan, 2009); Michael J Shapiro, *Studies in Trans-Disciplinary Method: After the Aesthetic Turn* (Routledge, 2013); David Panagia, *The Political Life of Sensation* (Durham: Duke University Press, 2009).

14) Zalewski (2013), p. 4

정치와 공명하면서도, 부정 시에도 긍정적이고, 창의적이고, 덜 비
판적이고,[15] 대상을 지니고 있는 점aboutness에서는 떨어지는 특징
으로 인해[16] 개념으로서 더 많은 실험을 가능하게 하지만, 사람의
사고를 움직이고 체화적으로 학습해야 한다는 점에서 더욱 체화적
이라 할 수 있다.[17] 방법으로서의 미학은 우리와 함께하지 않는 것
이나 우리가 더 이상 존재하지 않거나 존재할 수 없는 방식을 탐구
하지만 이러한 상실을 넘어서는 것을 감지하는 것이다.[18] 미학은
역사를 목적지가 아닌 출발점으로 간주하고, 우리가 잘 알지 못하
는 문 속으로 들어가,[19] 공유 시에만 일이 발생하기 때문에 일이 생
기는 상황 속에서 삶을 지속하는 것이다. 어떤 일이 생기는가? 즉,

---

15) Elizabeth Dauphinee, *The Politics of Exile* (Routledge, 2013); Sungju Park-Kang, *Fictional International Relations: Gender, Pain and Truth* (Routledge, 2014); Anand Pandian and Stuart McLean, eds., *Crumpled Paper Boat: Experiments in Ethnographic Writing* (Durham: Duke University Press, 2017); A Pauline Gumbs, *Spill: Scenes of Black Feminist Fugitivity* (Durham: Duke University Press, 2016); Helene Ciroux, *The Terrible but Unfinished Story of Norodom Sihanouk, King of Cambodia*, translated by MacCannell J, Pike, J and Groth L (University of Nebraska Press, 1994).

16) Trinh T. Minh-ha, *D-Passage: The Digital Way* (Durham: Duke University Press, 2013).

17) Shine Choi, Anna Selmeczi, and Erzsebet Strausz, eds, *Critical Methods in Studying World Politics: Creativity and Transformation* (Routledge, 2019).

18) Achille Mbembe, *On the Postcolony* (Berkeley: University of California Press, 2001).

19) Marysia Zalewski, *Feminist International Relations: Exquisite Corpse* (London: Routledge, 2013).

제2부 한반도에서 평화의 논리와 실천

미학은 대안적 세계를 계획/탐구하기보다는 그러한 세계로 나아가는 방식이다. 이 방식에서는 공유는 지식과 사고보다 중요하며, 정치는 예술[20]이지 기술이 아니다.

1.1 맥락 (이러한 말도 안 되는 생각이 왜 중요한가?)

서구의 자유주의적 관점에서 보면, 북한은 악동enfant terrible이다. 이러한 표현에 따르면 시대착오적인 경제 및 외교 정책을 지닌 이 불량하고 특이한 국가는 협상 테이블에서 교묘하게 행동하고, 압박에 직면하여서는 비난을 일삼고, 뜻대로 되지 않을 때는 심술궂게 변한다. 그러나 북한은 사람들이 생각하는 것보다 덜 유치하고, 은둔적이고, 배척적이다. 자유주의 국제사회가 북한의 고립과 시대착오, 위험한 실패에 초점을 맞추고 있는 동안, 북한은 기존 외교뿐 아니라 인프라 및 군사 지원을 통해 비서구 다른 소외된 국가들과 동맹을 맺고 인적 교류를 촉진하느라 바빴다. 2000년대 들어 북한 사람들이 남아프리카와 아시아 전역에서 이목을 끄는 거대한 정치인 동상, 박물관, 공원 등을 건립하면서, 문화 사업이 이러한 노력의 핵심이 되었다. 이러한 문화 건설 사업에 대한 통속적인 설명은 해당 사업을 외화빈국 사이의 경제적 합작 사업으로 가정하거나, 이러한 현대적 문화적 파트너십을 권위주의 정권들이 서로

---

20) Shine Choi, "Art of losing (in) the international," *Millennium: Journal of International Studies* 45, 2 (2017), pp. 241-248.

를 돕는 단순한 사례로 묘사한다. 기존 학문이 이 연구에서 쓸모가 거의 없는 이유는, 북한에 대한 대부분의 연구가 이 문제 국가를 더 잘 억제하거나 참여시키는 방법에 치중하고 있는 반면에 국제관계학IR 문헌은 비패권 세력이 형성한 국제질서에 대해서는 거의 침묵하고 있기 때문이다.

a. 남반구의 탈식민 국가의 맥락에서, 대형 기념물과 박물관 같은 문화 유적지가 국가 주권과 외교가 '지원' 및/또는 '파트너십'의 형태로 만나는 지점과 어떻게 불가분의 관계에 있는가?
  ▶ 정치적, 경제적, 문화적 독립성을 침해하는 맥락에서 '정상적인' 국가 주권을 수행하려면 외교 관계가 중요하다. 문화 유적지는 위험도가 낮고, '지역적'뿐 아니라 '국제적' 정치 관계와 질서가 형성되는 매우 가시적인 외교 장소이다.

b. '국민', '미래', '우리의 유산' 같은 개념에 대한 상징적 정치가 어떻게 발생하고 '국내' 및 '국제' 범주를 복잡하게 만드는가?
  ▶ '민족주의'는 국가 유산을 보호하고 미래를 위한 건설을 하는 국민의 힘을 중심으로 한 이러한 장소의 상징적 정치를 잘 포착하지 못한다.

c. 문화 및 미학에 대한 학문에서의 중요한 이정표는 왜 아시아-아프리카 맥락에서의 재고를 필요로 하는가?
  ▶ 명확하게 밝히자면, '미학'은 합리성의 반대되는 개념이 아

니라, '많은 세계가 위엄 있는 공간을 차지하는 다원보편적 합리성'의 일부이다.[21]

즉, 미학에 대한 나의 관심은 구체적이다. 압박 및 아프리카-아시아 관련성을 권위주의 또는 자유주의의 문제로 주로 묘사하는 유럽중심적 설명에 반박하는 척박한 환경하에서 발전하는 정치 주체, 형태, 경계 공간과 관련되는 인식의 문제를 더 잘 파악하기를 원한다. 북한의 문화 외교는 풍부한 기록물을 제공하며, 이는 코리안으로 표시되는 사람으로서 본인이 이해해야 할 정치적 의미와 위치를 지닌 중요한 기록물이다.

2. 비동맹

열망에 가득 찬 제3세계주의와 비동맹의 근대 계승자들이 누구이고 어떤 사람들인지 파악하기보다 나는 핵으로 인해 '초강대국'의 지위를 가능하게 한 우세 정치에 직면하여 동맹, 안보, 외교에 대한 혁신적 사고로서 비동맹을 논의하고자 한다. '평화 공존'은 집단적 약점에서 비동맹운동의 집단적 지위로 떠올랐다. 이는 또한 군축이 국제사회를 재정립하기 위한 보다 평화롭고 민주적인 방식을 집단적으로 추구함에 있어 실질적인 해결책이라는 생각을 버려

---

21) Sabelo J. Ndlovu-Gatsheni, *Empire, Global Coloniality and African Subjectivity* (Berghahn, 2013), p. 15.

야 한다는 점을 수반한다. 샴파 비스워즈는 무엇이 후대에 이르러 탈식민 국가의 원자력에 대한 욕망을 구조화했는지 분석했으며 핵 환산금지조약을 통해 '갈색 폭탄'을 불법화시킨 기존 국제질서에 대한 문제를 제기했다.[22]

두가지 요점: 안보-정치-경제-문화적 불평등 사이의 연결과 분리에 대한 검토가 요구된다. 그리고 좀 더 구체적으로는 비핵화와 평화 사이의 연결 고리를 끊을 필요가 있다. 그렇다고 해서 원자력과 평화가 동격관계라고 말하려는 것은 아니지만, 만약 평화가 비동맹/제3세계의 국제 관계를 민주화하려는 열망을 포괄하는 것이라면 비핵화가 반드시 평화를 의미한다는 것은 아니다. 달리 말하자면, 모든 사람들을 위해 평화를 유지하려는 국제 질서에 정의와 평등이 존재하지 않는다면, 평화와 질서는 단지 억압과 위계의 형태일 뿐이다. 보이지 않는 것을 통해 작동하는 것은 그저 폭력일 뿐이다. 그러나 비동맹은 역사 그 이상의 의미를 지닌다.

2.1 비-

앞서 논의한 바와 같이 비동맹에서 '비'는 부재 또는 부족을 의미하는 말이 아니다. 선택하지 않는다는 것은 행동하지 않는다는 것이 아니라 제시된 선택에 대한 적극적 거부를 나타내며, 그 거부

---

22) Shampa Biswas, *Nuclear Desire: Power and the Postcolonial Nuclear Order* (Minneapolis: Minnesota University Press, 2014)

는 이미 세계를 재정립, 재해석하는 방식으로 존재한다.

더 나아가, 비동맹의 '비'는 미학이거나 부정의/내 형태이며, 국제 정치에서 등한시되는 감정적 과정, 변화 요인 및 현실을 나타낸다. 남부 인식론, 아프리카 중심주의, 흑인성에 관하여 Ndlovu-Gatsheni, 무벰베 등은 이러한 이론들이 비인간성을 인정하고 있다고 주장하며, 또 혹자들은 근대성의 어두운 측면인 식민성이 말살시켰던 세계인 대다수의 인간성을 회복시키는 것이라고 언급하고 있다.[23] 그러나 나기, 브린케메, 트린 등은 다양한 방식으로 경계 공간의 생산성과 압박 상태하의 발전에 관심을 기울이고 있다.[24]

결정적으로, 부정은 정복당한 자들, 일종의 대리인의 입장이며, 정복당한 자의 미학이라 할 수 있다. 곧 이 부분에 대해 다시 살펴보기로 하겠다.

---

23) Ndlovu-Gatsheni (2013); A. Mbembe (2003) *Necropolitics*, translated by I. Meintjes, *Public Culture* 15 (1), pp. 11-40; Mbembe (2001); Ali Mazrui, *Toward A Pax Africana: A Study of Ideology and Ambition* (London: Weidenfeld and Nicolson, 1967); Issa Shivji, *Reimagining Pan-Africanism: Distinguished Mwalimu Nyerere Lecture Series 2009-2013* (Dar es Salaam: Mkuki Na Nyota, 2015); Gumbs (2014).

24) Sianne Ngai, (2005) *Ugly Feelings* (Cambridge: Harvard University Press, 2005); Lauren Berlant, *Cruel Optimism* (Durham: Duke University Press, 2011); Trinh Minh-ha, *Elsewhere Within, Here* (Oxon: Routledge, 2011); Trinh Minh-ha, *Lovecidal: Walking with the Disappeared* (New York: Fordham University Press, 2016); Eugene Brinkema, **The Forms of Affect** (Durham: Duke University, 2014); M Moore, *Fabulous: The Rise of the Beautiful Eccentric* (New Haven: Yale University Press, 2018).

2.2. 선

정렬한다는 것은 경계선과 나란히 또는 경계선에 맞서서 일렬로 세우는 것이며, 다른 한쪽에 맞서 한쪽으로 발을 내딛는 것이다. 이는 또한 선을 나누고, 변을 만들고, 특정 지점을 정확히 집어낼 수 있어 한 발짝 넘어설 수 있다는 것을 가정한다. 정렬한다는 것은 선이 차지할 공간이라고 가정하는 것이다. 이러한 맥락에서 비정렬화는 선에 대한 급진적인 인식 및 선 위에 이루어지는 움직임일 수도 있다.

여전히 이러한 개념화에서 선은 우리의 그림과 선의 사용에서 다른 모양이 형성되는 형태를 일컫는다. 선을 그림으로써 형태, 단위, 총체성을 가능하게 하는 표면, 외부 층 및 윤곽선이 생성되게 된다.

그러나 선이 반드시 분할되는 것이 아니라면 어떻게 될까? 그리고 선은 다른 형태를 만들어 내는 그림이기에 만일 선이 좀 더 근본적으로 움직임에 관한 것이라면 어떻게 될까?

철학자이자 안무가인 맥신 시트-존스톤은 선은 심지어 선형성을 그리는 경우에도 결코 선형적이지 않다고 주장한다.[25] 선이 어떻게 그려지고, 상상되거나 경험되는지에 대한 시공적인 운동감각

---

25) Maxine Sheets-Johnstone, *The Imaginative Consciousness of Movement: Linear Quality, Kinaesthesia, Language and Life*, in *Redrawing Anthropology: Materials, Movements, Lines*, edited by Tim Ingold (Oxon and London: Routledge, 2011).

차원을 이해할 때, 선은 인체의 각기 다른 부분이 다양한 종류의 방식에 있어 어떻게 움직여야 하는지 뿐만 아니라 선이 어떻게 선을 그리거나 상상하는 사람들의 감정적인 삶을 항상 반영하고 있는지에 있어서 움직임을 나타낸다.[26] 더 나아가 시트-존스톤은 움직임으로서 선은 인간의 삶/사고의 구체화된 본성을 더욱 광범위하게 부각시키며, 이러한 선들의 움직임은 어떻게 이러한 모든 것이 생동감을 보이며 생명력을 지니는 것이 움직임을 통해 가능하다는 점을 우리에게 조명해 준다고 주장한다.[27]

닉 스재니스와 같은 시각 연구자/예술가는 표현의 기초가 되는 선이 실제로는 구분이 아닌 관계를 나타낸다는 점을 설명하기 위해 말 그대로 선을 긋는다. 스재니스가 지적하는 바는 우리는 관계를 통해 세상을 바라보고 이해해야만 비로소 시각화가 가능하다는 점이다. 스재니스에게 있어 보는 것은 존재의 한 방법일 뿐이며 세상을 아는 방법일 뿐이며, 그림을 그리는 것은 단순히 특정한 보기 방식일 뿐이다. 그가 주장하는 바는 의미 결정은 상호작용에 있어 복잡한 '구조: 요소의 크기, 형태, 배치 및 관계'를 통해 작동한다는 점이다.[28] 이와 마찬가지로, 만화가이자 자칭 '어쩌다 교수'인 린다 배리도 선-사고-움직임에 관하여 이와 유사한 견해에 도달했다.[29]

---

26) Sheets-Johnstone (2011), p. 117.

27) Sheets-Johnstone (2011), p. 126.

28) Nicholas Sousanis, *Unflattening* (Harvard University Press, 2015), p. 66.

29) Lynda Barry, *What It Is* (Quebec: Drawn and Quarterly, 2008).

배리는 사고가 어떻게 이러한 감각적인 부동의 (재)위치와 유동적인 감각을 만들어 내는 움직임에 지나지 않음을 보여준다. 스재니스와 배리 모두에게 이미지 메이킹 또는 좀 더 정확히 표현하자면 선을 그리는 것은 사고방식을 나타낸다. 그러나 자신이 주장하는 만큼이나 만화 형식/스타일에서 배리는 사고의 민주화가 사고의 숙련성을 압도하며 새로운 관점을 명확하게 한다는 점을 덧붙였다.

2.3 비- 및 선/정렬을 통한 주체 한국 재방문

포스트 식민성은 북한 국가를 정의한다. 역사학자 수지김의 표현대로 북한 역사는 '실패한 근대주의 프로젝트라기보다는 자본주의 식민 근대성에 대한 비판'이다. 1945-1950년 북한정권 수립 초기를 고찰하면서, 수지김은 '북한 혁명은 혁명 사회의 창조와 유지를 통해 영웅적인 사회주의 근대성을 위한 시도였다는 점을 독자들에게 상기시킨다'.[30] 1970년대까지 북한의 자본주의적 식민지 근대성에 대한 북한의 이러한 비판은 미국의 전략지정학적 이해관계와 미국 주도의 서구 지배, 추출, 식민주의에 대한 비판으로 발전한다. 1976년 북한의 비동맹운동에 공식 가입을 기념하여 출간된『비동맹 운동은 우리 시대의 강력한 반제국주의 혁명세력이다The Non-alignment Movement is a Mighty Anti-imperialist Revolutionary Force of Our Times』는 '제국주의 족쇄'에 대항한 이러한 혁명 투쟁에 대해

---

30) Ibid., p. 41.

설명하고 있다.

　　미 제국주의자들은 특정 국가에서 '자유화'와 '민주주의 발전'
을 장려하는 새로운 형태의 냉전에 의존한다. 그들은 '최혜국' 대
우와 '동서 접촉과 교류'의 확대를 외치며, 이를 통해 그들의 반동
적 이데올로기와 문화를 침투시켜, 인민을 이데올로기적으로 비
하하고, 경제발전을 저해하며, 이러한 국가들을 내부로부터 전복
시키고자 한다. 제국주의자들은 새로운 독립국가를 한 번에 하나
씩 반제국주의적 전선으로부터 떼어내기 위해 사보타주와 전복
행위를 감행하고 있다. 명백한 무력에 의존하면서, 이들은 '원조'
를 미끼로 이들 국가를 침투하고 내정에 간섭한다.[31]

　　미국의 국익은 전 세계를 망라할 뿐만 아니라 제국주의적이라
는 비판이 제기되고 있다. 이는 직접적인 군사 공격뿐만 아니라 '자
유화', '민주적 발전', '최혜국 대우', '접촉과 교류', '침투', '사보타주
및 전복', '침투할 미끼로서의 '원조'를 통해 이루어진다.[32] 이러한
'새로운 형태의 냉전' 제국주의 전술은 '핵 협박과 평화적 침투'를
결합하고 유화, 기만을 억압과 결합'함으로서 작동한다. 원조와 친
선이라는 자유주의적 언어로 가려진 이러한 새로운 제국주의적 전

---

31) Kim, Il Sung, *The Non-alignment Movement is a Mighty Anti-imperialist
Revolutionary Force of Our Times* (Pyongyang: Foreign Languages Publish-
ing House, 1976), p.82

32) Ibid., p83.

술은 격렬하게 '내부'를 파고들며 교란시키려 한다. 이 부분에서 이러한 행위들은 비겁하며, 모욕적이고 굴욕적인 형태의 강압적 권력이며, 군사, 경제 문화 분야에서 완전한 지배라는 제국주의적 전략의 일환이라는 비판이 일고 있다. 제국주의 미국은 의존적이고, 착취적이며, 취약한 사람들과 정부를 만들기 위해 직·간접적인 전략을 전개한다. 그럴 경우 평화는 평화가 아니라 국가의 폭력적인 침투와 전복이며 독립적인 국제관계다. 제국주의가 개별 국가를 표적으로 삼고 있지만, 그들은 '반제국 연합 전선'을 무너뜨리기 위한 공격이다. 이러한 제국주의적 욕망을 누를 방법을 모색하지 않는다면 탈출구를 찾을 수 없다는 것이 북한의 입장이다.

1976년에 출간된『비동맹 운동은 우리 시대의 강력한 반제국주의 혁명세력이다』는 또한 주체를 전 세계를 상대로 한 개념으로 부각시킨 기념비적인 책이다. 우선, 이 책은 북한이 비동맹운동에 성공적으로 합류한 후 1년 뒤에 출판되었다. 배리 길스는 이 책의 출판은 남북한이 국제무대에서 정치적 정통성을 놓고 벌인 정치적 경합에서 북한이 정치적으로 의미 있는 결실을 거두었음을 보여주는 증거라고 했다.[33] 하지만 이 책의 출간과 북한의 비동맹 운동 합류는 국제적으로 소외된 정치 행위자들이 활동하는 좀 더 큰 규모의 국제 운동에서 공식적으로 자리매김을 했음을 보여주는 중요한 사건이다. 남북한은 1953년에 아시아와 아프리카 국가 지도자들이 자

---

33) Barry Gills, B, *Korea versus Korea: A Case of Contested Legitimacy* (NY: Routledge, 1996), p. 63.

리를 함께한 반둥회의에 초청을 받지는 못했지만, 북한은 멀리서 이 회의를 기념했다.[34] 『비동맹 운동』이 출간된 것은 이러한 관계를 잘 보여준다. 이 책의 출간 시기와 내용을 통해, 여러 대륙에서 벌어지고 있는 해방 투쟁 사이의 연결고리와, 이러한 투쟁의 연합적이고 군사적인 성격의 배후에 있는 명분들을 공고히하거나 스파이크 피터슨의 말을 빌면 이를 '고착화하고' 안정시키려는 북한의 노력을 여실히 알 수 있다.

또한 이 책은 비동맹 정치라는 렌즈를 통해 생각할 수 있는 흥미로운 장을 제공한다. 어떻게 분석해 보면, 이 책에서 또는 이 책을 통해 본 주체는 사회주의적 통합을 천명하고 이에 기여할 수 있는 국지적 특징을 가진 사회주의 및 공산주의 혁명으로 볼 수 있다. 하지만 판박이가 되기를 거부하고 변화를 시도할 수 있었던 텍스트적 대상으로서의 주체에 주목한다면, 강요된 지연이라는 포스트식민시대의 상황과 이러한 강요된 지연 상황을 수반하는 새로운 시작에 대한 주장 사이에서 정치적 공통점을 발견하게 된다. 주체는 특정성과 삶에 대한 권리를 통해 새롭게 창조하는 것을 나타내는 용어이며, 이 부분에서 본인은 주체란 새롭게 등장한 자아가 차지할 수 있는 공간 자체를 새로 자리매김할 수 있는 기제라고 받아들였다. 본인은 어떻게 주체가 제자리를 지킬 수 없으며, 주체의 역사적 위치에 이미 내재된 비동맹의 철학을 구현하지 못하는지를

---

34) 길스에 따르면, 비록 (북한이) 제외되었지만, 반둥회의를 기념하기 위해 반둥회의가 번역되어 북한에 회람되었다.

보여줄 것이다.

국제사회를 재편하는 선들Lines

비동맹운동은 단순히 강하다는 표현으로는 부족한 전지전능한 반제국주의 국제 전선을 끌어내는 데 중요한 역할을 한 여러 혁명 영웅들을 기리는 내용을 담고 있다. 북한 혁명을 정당화하는 데 국제성과 보편성을 주장하는 것이 중요했던 것처럼, 국경을 초월한 에르네스토 체 게바라의 인기와 영향을 다룬다. 체 게바라는 '편협한 민족주의자의 시각을 완전히 탈피한 진정한 국제주의의 옹호자로 기억된다. 그의 일생은 흔들리지 않는 혁명 전사이자 진정한 국제주의자의 전형이다.'[35] 미국 제국주의의 식민지 제도를 뒤흔든 남미 최초의 사회주의 혁명에 걸맞은 체 게바라의 혁명 정신은 전 세계를 달아오르게 만드는 불멸의 정신이다.

아시아, 아프리카, 남미에서 벌어지는 혁명 투쟁 전장에 수천, 수만의 체 게바라가 등장할 것이며, 체 게바라가 완수하지 못한 혁명 과업은 남미의 혁명가들과 전 세계의 혁명주의자들의 투쟁을 통해 이뤄질 것이다.[36]

---

35) Kim, *The Non-alignment*, p73

36) Ibid., p. 80.

제2부 한반도에서 평화의 논리와 실천

죽임을 당한 영웅의 업적을 상세히 다룬 이 책은 그의 죽음을 세계 혁명에 대한 지속 의지를 모으고, 북돋고, 확인하는 구심점으로 고정시켰다. 영웅적 서사 그리고 전 세계가 기억하는 그의 모습은 마치 계시처럼 다시 새로운 수천 명이 그의 뒤를 따를 것임을 약속하고 요구한다. 여성 그리고 여성이 주도하는 해방 투쟁이 완전히 사라진 국제주의자 언어로 단합된 반란을 점진적으로 진행시키고 공고히 한다. 간단히 말해, 연대순으로, 즉 시간은 선형이고, 순차적이며, 단방향으로 흐른다는 명제에 의존한 제국주의 세력에 맞선 남성적인 1열 행진이다. 세계 여행 이미지들이 어떻게 작동하는가에 대한 데빌 라일의 통찰을 빌면, '제국의 재구성된 권력관계에 따라 역사에 대한 목적론적 이해 그리고 시간에 따른 차이점을 재생산한 것이다.'[37] 다른 말로 하면, 미리 정해진 목표와 목적지를 향해 나아가야 할 필요성이 아이러니 하게도 세계를 지도 위에 표시하는 제국의 기술을 사용해 관계를 확정한다.

매우 남성적이고 군사적인 1열의 연대기적 시간 안에서, 국제사회는 한편에 제국주의자와 반동주의자, 그리고 반대편에 반제국주의 혁명주의자로 나뉜다. 이런 구도에서는 착한 폭력(반제국주의)과 나쁜 폭력(제국주의 및 반동주의), 착한 '프롤레타리아 독재'[38]와

---

37) Debbie Lisle, *The Global Politics of Contemporary Travel Writing* (Cambridge: Cambridge University Press, 2006), p. 230.

38) Kim, *The Non-alignment*, p. 75.

나쁜 '친미pro-US 독재,'[39] 원칙에 의거한 독립국가(독립 노선)와 '원칙 없는 공존'[40]이 존재한다. 이 그림에서, 전세계에서 '단일한 물결'[41]로 인식되는 혁명 투쟁에 대한 반대나 저항은 '반동주의', '사대주의', '카오스'로 인식될 뿐이다. 제국주의자들의 포위를 '국제사회의 노동자 계급과 세계의 억압받는 대중들이 강력한 유대로 뭉친 군사 연대의 진형'으로 대치하려면 강력하고 단결된 독립국가들로 구성된 단일 전선이 반드시 필요하다.[42]

시간 외에도 특히 남권주의적인, 전쟁의 미학을 담은 선과 원이 더해져 세계라는 그림이 완성된다. 여기서 원은 감싸고, 둘러싸고, 포용하는 형태를 말한다. 치욕적인 관통이나 침투를 사용하는 제국주의의 포위와 싸워 막으려면 반제국주의는 반대로 적을 둘러싸 자주성(그리고 남자다운 에너지)을 되찾아야 한다. 전선을 정하는 일은 반제국주의 포위 작전의 일환으로 매우 남성적인 주권 자아의 발현이다. 책에 나온 김일성의 1967년 북한 최고인민회의 연설이 특히 흥미로운데 주체의 기본 이념을 독립의 선으로 표현했고, 이 선은 우리가 주로 문자의 형태로 떠올리는 원칙들을 선 모양으로, 즉 시각적 도형으로 변신시킨다. 독립의 선이 갖는 의미는:

---

39) Ibid., p.79.

40) Ibid., p.82.

41) Ibid,. p.75.

42) Ibid,. p.75.

맹목적으로 다른 이들을 따르지 않고, 낯선 것에 기계적으로 모방하거나 전체를 받아들이는 대신 비평적으로 다가가고, 모든 문제를 실제 우리나라의 상황에 맞춰서 그리고 우리나라의 지혜와 국력을 감안해 해결하고자 노력한다는 것이다. (신생국이 아닌) 완전한 독립국가로서 우리나라는 이제 자신만의 선과 정책을 독자적으로 설정하고 외교관계에서 완전한 평등과 주권을 행사한다.[43]

여기서 원칙들과 원칙 준수는 선의 이미지를 통해 구체적인 형태—더 이해하기 쉬운 모습—를 갖는다. 문자 속에서, 아이디어는 이미지, 도형, 그리고 더 구체적으로는, 선에 의해서 유형의 모습으로 변한다. 그 결과 주체는 구조적이고 체계적인 기존의 범주들을 식민지, 착취, 그리고 약탈로 바꿔 버리는 방법이자 형태, 즉 메커니즘이 된다. 더 나아가, 이와 같은 문자/원칙에서 이미지/선으로의 변신은 위에 인용한 부분 전반부에서 탈식민주의 국가로서 독립을 쟁취하는 데 필요한 여러 전략을 나열하다가 몇 문장을 거쳐 깨끗한 선형, 일직선의 형태로 넘어가며 발생하는 단절에서 일어난다. 여기서 주체는 원칙을 직선으로 만드는 방법이고, 이 직선성은 강제로 부여된 경험의 범주가 착취적이고 폭력적으로 전도되는 것을 제한한다.

이러한 주체의 전도 메커니즘은 외부에서 부여한 경계를 거부하는 형식과 방법의 문제로서 무엇이 사회를 구성하고 질서를 유

---

43) Ibid,. p.75; Ibid., pp 9-10, added emphasis.

지시키는가에 대한 재분류 과정에서 폭력을 정당화한다. 이 재분류는 기존 식민주의 및 제국주의의 제도와 권력 밖에 존재하는 더 높은 도덕적 정당성의 원천을 통해 이루어진다. 다시 말해, 폭력과 비폭력, 합법과 불법의 경계는 혁명 운동을 추진하는 더 높은 도덕적 정당성을 통해 재분류가 필요하다. 이런 맥락에서, 폭력은 정당화된다. '반혁명적인 폭력은 모든 착취 계급을 지배하기 위해 반드시 필요하다. 지금까지 인류 역사상 단 한 번도 지배 계급이 순순히 자신의 지위를 내려놓은 사례는 존재하지 않고, 반동 계급이 반혁명적인 폭력에 의존하지 않고 얌전하게 권력을 휘둘렀던 사례도 없다.'[44]

따라서 한편으로 주체는 독자로 하여금 폭력의 불가피성을 받아들이게 한다. 오직 폭력만이 제국주의자들을 권좌에서 몰아낼 수 있으며, 우리는 반드시 제국주의자들이 그 어느 때보다 필사적으로 자신들이 오랫동안 다져왔던 폭력적인 통제 유지 수단에 매달려 제국주의적인 폭력을 생산하는 반제국주의 폭력을 목격하는 데 대비해야 한다. 제국주의적 폭력과 혁명적 폭력의 구분은 착한 폭력과 나쁜 폭력의 위치를 전도시킨다. 주체는 선을 지키고 군사적 일체성을 요구하는 외에도 외부적으로 부여된 경계를 무효화시키는 중요한 도구로 인식된다. 종합하면, 본인의 주장은 주체가 정책을 주도하거나 제도화시키는 원칙의 집합이라기보다는 위치를 바꾸거나 전도시키고, 현재의 관계에 질서를 부여하는 경계와 금

---

44) Ibid., p. 78.

기 사상에서 탈피하는 메커니즘이라는 것이다.

요약하면, 주체는 중요하면서도 까다로운 개념으로 무엇이 혁명을 폭력적으로 만들고, 폭력이 어떻게 정당화되는지 같은 독재주의와 혁명 사이에 복잡하고 이해하기 힘든 관계를 형성한다. 그러나 설명하기 힘들기보다는 언제나 매번 신중하게, 그리고 겉보기에는 체계적으로 만들어졌다. 다시 말해, 주체는 겉보기에만 일관성을 지닌 객체다. 일관성의 미학 속에서 형태를 제공하는 기능을 수행하는 객체다. 체계적이고 과학적으로 보이는 것은 주체의 미학의 일부로서 반복적으로 수행되고, 이렇게 반복되는 경우에 한해 유효하다. 다른 부분에서도 본인이 지적했지만, 북한과 주체정치에 대한 서구의 학문적 연구가 이 미학에 기여한 바 있으며, 따라서 비평적 개입이 필요한 국가 폭력 문제의 일부이다.

3. 정치 미학으로서의 비동맹

선과 그림에 대해 생각하는 이 시점에서 본인은 비동맹에서의 선을 어떻게 재고해야 하는지에 대한 개념적 기반을 구축한다. 역사적으로 비동맹이 결코 중립에 관한 것이 아니라 결정적으로는 강대국 정치에 휘말리지 않겠다는 반식민주의 국가의 협정에 의한 거부이자 물질적 대가를 수반하는 정치적 평등에 대한 요구였던 것처럼, 더 넓은 정치 미학적 자리매김으로서의 비동맹은 편들기에 대한 거부임과 동시에 국제관계에서 종종 주어진 것으로 간주되는 지식과 권력의 공간과 원천과도 거리를 두어야 한다.

국제질서를 지배하는 적대선에서

그리고 세계를 영향권으로,

반제국주의국가 대 종속국가로,

근대진영과 식민지 야만진영으로

나누는 그 선에서

우리는 어떻게 살아갈 수 있는가?

우리는 어떻게 그 선 위에 머물러 있을 수 있는가?

3.1 한반도 평화: 결론

그렇다면 이 모든 것에서 코리아의 평화 배당금은 무엇인가? 이 질문은 나의 일터, 연구자로서의 나 자신, 그리고 나의 몸 또는 나와 같은 몸에 연결된 아이디어가 어떻게 흘러가는지와 관련이 있다. 비동맹에 대한 개념적 관심은 비동맹이 비록 코리아를 넘어선 것이지만 코리아에 대한 본인의 관심에서 출발한다. 비동맹 정치에 대한 나의 질문은 한국/코리아와 연결되어 있기도 하지만 또한 결정적으로 한국/코리아와는 분리되어 있다. 특히 '코리아'를 '한국학', '한반도', '코리아의 국익/프레임 워크' 및 한국/코리아의 자료, 공간, 기관 및 사람에 대한 그리고 이들을 통한 학문적 연구를 구조화하는 기타 유사한 영토화 움직임에 묶어 두는 끈과는 분리되어 있다. '한국' 또한 '코리아'가 반도의 문제로 여겨질 때, 그것은 종종 코리아와 세계 속에서의 코리아를 구성하는 구분선에 의

제2부 한반도에서 평화의 논리와 실천

해 규정된다. 오히려 코리아에 대한 나의 접근 방식은 나의 (K)연구에서 경계공간으로 나타나는 구분선, 또는 운동과 그에 따른 사고의 변화를 불러오는 운동과 사고의 흔적으로서의 접촉선에 거주하는 것이었다.

위에서 살펴본 것처럼 북한의 비동맹외교는 패배를 감당할 수 없는 반제국주의이기 때문에 이런 의미에서 우선 평화에 반하는 것으로 보인다. 그러나 본인은 이 구도가 어떻게 더 복잡하게 얽혀 있는지 보여주려고 했다.

코리아의 문맥/특이성은 언어적으로뿐만 아니라 그 위치, 그 특정 위치, 또는 은들로부-갓체니Sabelo J. Ndlovu-Gatsheni가 표현한 것처럼 '선언의 장소' 측면에서 중요하다.[45] 이것은 한반도를 중심으로 코리아의 분단을 한국적 맥락에서 평화의 문제를 정의하는 중심으로 삼는 것과는 다르다. 그러나 그것은 우리가 특정한 개념, 궤적, 개방, 움직임, 공간, 방법에 대한 희망의 정치를 보여주는 방법으로서 평화의 개념이 얼마나 무거워지는지를 보여주는 방법이다.

더 나아가 이는 그 접근법의 한계를 보여주는 것이기도 하다. 구갑우와 같은 한반도 학자들이 전개하는 평화/비핵화 주장은 식민지후기/탈식민지 정치의 중요한 측면은, 즉 평화를 보장하는 주권뿐만 아니라 평등도 중요하다는 점은 건드리지 않는다. 나에게 더 큰 질문은 다음과 같다: 제3세계인 개발도상 남부의 문제, 즉 국

---

45) Ndlovu-Gatsheni (2013), p. 41.

제관계 민주화 문제와 모호하게 관련되어 있는 코리아의 위치/지위를 어떻게 다시 연결할 것인가?

평화에 대한 다원적 세계적 접근은 현재 허용되는 제한된 방식의 상상력과 구도를 더욱 개방하여 평화, 외교 및 국제 관계에 대한 논의로 나아갈 것이다. 상상력과 이론구성을 결합하는 데 우리가 가진 한계는 아마도 부분적으로는 한반도에 대한 사고는 계속되지만 코리아의 갈등도 계속되어 결국 우리 모두를 끔찍한 관중으로 만드는 것일지도 모른다.